살아있는 역사
재미있는 논술

④ 한인 애국단에서 대한민국까지

모난돌역사논술모임 **지음**

 성안당

www.cyber.co.kr

추천의 글

어린이들은 역사를 처음 만날 때 역사 만화나 어린이 역사책으로 만납니다. 흥미위주의 역사 만화는 읽기도 쉽고 재미있어 어린이들이 좋아합니다. 술술술 읽혀지다보니 많은 어린이들이 즐겨 찾는답니다. 최근엔 통사를 다루면서도 역사적 맥락을 잘 짚어 가며 다양한 이야기를 엮어내는 재미난 어린이 한국사 책이 많이 출간되었습니다. 예전보다 한국사 공부를 할 때 선택의 폭이 훨씬 넓어졌답니다.

그런데도 아직 역사 공부가 어렵다고 호소하는 친구들이 많이 있습니다. 선생님과 이야기를 나눠보면 그 친구들은 한국사를 단순한 암기로 생각하여 결과만 외우려고 합니다. 그러다보니 역사가 무척 어렵게 느껴질 수 밖에 없었던 거예요. 역사란 특별한 공간과 시간에 살았던 사람들이 엮어낸 사람들의 이야기입니다. 그 사람들 사이의 다양한 이야깃거리가 있는데 그건 다 빼고 결과만을 외우려하니 앞뒤도 맞지 않고 헷갈리기만 하는 것이지요. 책을 읽을 때 책 속에 담긴 숨어 있는 이야기를 찾아내고 재구성할 수 있을 때 책읽기의 재미에 푹 빠질 수 있는데 그러질 못한 것이 요즘 책읽기 모습입니다.

선생님들은 초, 중, 고등학교에서 학생들과 역사 공부도 하고, 체험학습연구회 (사)모아재 전국교사모임에서 역사 답사와 연구도 하고, 역사책을 펴내기도 했답니다. 그러다보니 많은 친구들과 부모님들이 어떻게 하면 역사 공부를 잘 할 수 있을까를 물어 보곤 하지요. 그때 마다 아쉽지만 뾰족한 답을 줄 수 없답니다. 역사 공부에 지름길은 없습니다. 자신에게 맞는 책과 방법을 찾아 꾸준히 익히는 것 외에는 달리 방법이 없어요. 역사책을 읽으면서 역사 속 인물이 되어 사건 속으로 뛰어 들어보기도 하고, 슬픈 역사의 순간에 나도 모르게 눈물이 주르륵 흘러내릴 때 진정 역사 공부의 재미를 알게 되는 것이랍니다.

역사 공부를 잘 하고 싶은 친구들!

친구들에게 좋은 소식이 있어요. 이번에 개정판을 출간하는 《살아있는 역사 재미있는 논술》을 보면서 선생님은 어린이 여러분들이 떠올랐습니다. 우리 친구들이 역사의 참 맛을 느낄 수 있게 잘 엮어진 책을 발견하게 되어 얼마나 기쁜지 모른답니다. 여러분이 역사 공부를 할 때보다 재밌는 방법을 경험할 수 있을 겁니다.

이 책의 특징은 역사 속에서 중요한 사건이나 인물을 선별하여 각 단원을 구성하고 있습니다. 이야기를 순서대로 읽다보면 우리 역사의 징검다리를 하나씩 건널 수 있게 만들어 놓았답니다. 좀 더 자세히 들여다보면 역사 탐구, 역사 해석, 역사 토론, 역사에 비추어 보는 오늘, 첨삭지도와 부록으로 이루어져 있습니다. 하나 하나 읽고 문제를 해결하다 보면 역사의 실마리를 잡고 실타래를 풀어가는 경험할 수 있을 겁니다.

어린이 여러분에게 좋을 책을 소개할 수 있어 무척 기쁘답니다. 《살아있는 역사 재미있는 논술》과 함께 역사학자가 되어 보기를 권해봅니다.

체험학습연구회 (사)모아재 선생님 (김봉수, 김진호, 신대광, 조성래)

저자의 글

66 최신개정판에 부쳐 99

사람은 살아오면서 겪고 듣고 배운 것 가운데에서 옳은 것은 실천하고 옳지 않은 것은 피하고 버릴 줄 안다. 경험에서 배우고 성장해 나가는 것이다.

역사도 마찬가지다. 우리가 역사를 공부하는 까닭은 지나온 역사에서 잘못된 부분은 바로잡고, 잘된 부분은 계승해 나가기 위함이다. 그러기 위해서는 역사를 제대로 알아야 한다.

《살아있는 역사 재미있는 논술》은 이러한 문제의식에서 출발한 책이다. 그래서 역사는 지루하고 힘든 암기 공부가 아니라 재미있고 즐거우며 과거를 통해 미래를 여는 살아있는 배움터라는 사실을 알려주려고 노력했다.

세상 어떤 일이든 그 일이 일어난 데는 이유가 있고 순서가 있다. 논술이란 그 이유와 순서를 따라잡는 글이다. 따라서 역사를 읽는 것만으로 자연스럽게 논술 공부가 되도록 만들었다.

《살아있는 역사 재미있는 논술》이 독자들을 만난 지 10년이 되었다. 세월이 흐르면서 새로운 역사 연구도 쌓이고 역사 교과서도 조금씩 바뀌었다. 또 교육 환경도 많이 변화했다. 이런 변화에 발맞추어 내용을 더할 것은 더하고, 뺄 것은 뺐다. 이전 책에서 부족했던 부분도 보완했다. 또 표현이 부자연스러운 부분은 고치고 다듬었다.

기존 108단원이었던 것을 60단원으로 줄였다. 6권이던 책은 본책 4권에 논술 워크북 1권을 더한 5권으로 줄었다. 1권은 《인류 등장에서 후삼국 통일까지》, 2권은 《고려 건국에서 병자호란까지》, 3권은 《붕당 정치에서 관동 대지진까지》, 4권은 《한인 애국단에서 대한민국까지》이다. 그리고 5권은 기존 논술 코너를 재정리한 논술 워크북으로 만들었다. 이런 과정을 거친 《살아있는 역사 재미있는 논술》 최신판은 새로운 책으로 독자들을 만나게 될 것으로 생각한다.

모쪼록 이 책을 통해 역사 속 사건에 대한 인과 관계를 파악하고 판단을 내릴 수 있기를 바란다. 또 자기 생각을 표현하는 과정 등을 거치며 역사의식과 논리력이 한층 성장되기를 바란다.

아울러 현재는 과거가 쌓여 만든 결과물이다. 현재에 가까울수록 우리들 삶에 많은 영향을 미치고 있다. 하지만 우리네 역사 교육은 고대사부터 조선 시대사까지는 쉼없이 달려오지만 근현대사에 이르러 주춤하는 경향이 있다. 학교에서도 시험 이후에 진도가 나간다는 이유로 현대사에 소홀해지기도 한다. 현대사에 조금 더 관심을 가지고 고민을 해 주기를 바란다. 가까운 역사가 우리네 삶에 더 큰 영향을 미치고 있으니 말이다.

역사 논술 저자 일동

이 책의 생김새와 쓰임새

역사 속에서 중요한 사건이나 인물을 선별하여 각 단원을 구성하였습니다.

각 단원별 사건이나 인물 이야기를 순서대로 읽어 나가다 보면 우리 역사가 어떻게 흘러 왔는
지도 자연스럽게 알게 될 것입니다.

본문의 구성

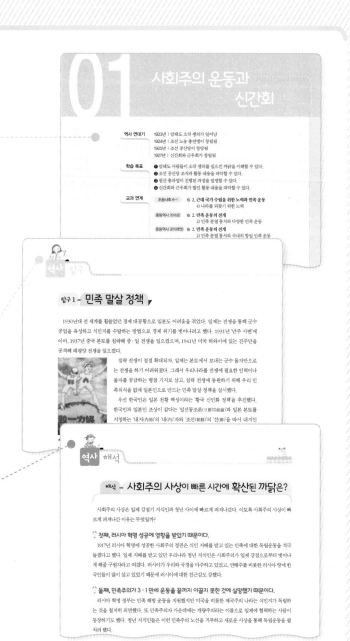

단원의 시작

- **역사 연대기** : 해당 사건이 일어난 시기에 우리나라
  에서 일어난 중요한 사건 제시
- **학습 목표** : 배울 내용 미리 알아보기
- **교과 연계** : 단원에서 배우는 내용을 관련 교과서와
  연계, 학습 안내

역사 탐구

단원에서 배울 역사를 밝혀진 사실대로 쓴 단계입니
다. 소리 내어 읽은 다음, 〈탐구하기〉의 대답을 사실대
로 쓰면 됩니다.

역사 해석

역사 탐구에서 다룬 역사 사건이나 인물에 대한 역사적
해석을 어떻게 하는가를 밝힌 단계입니다.
해석을 통해서 해당 역사의 사건이나 인물에 대한 이해
를 더욱 높일 수 있습니다.

역사 토론

3천여 명이 3개월 동안 벌인 원산 총파업은 성공한 것일까, 실패한 것일까?

토론 내용 문제 라이징 신 석유회사에서 시작된 원산 총파업은 원산 지역 노동자가 힘을 합친 일제 강점기 최대 규모 노동 파업이었다. 파업이 길어지고 지도부가 체포되면서 위기를 맞은 총파업은 새 지도부가 타협 쪽으로 방향을 바꾸면서 3개월 만에 끝난다.

찬론 1. 성공한 싸움이다.

열악한 노동 환경과 민족 차별에 억눌려 있던 노동자가 들고 일어선 것만으로도 성공한 싸움이었다. 원산 총파업은 원산노동연합회만이 외롭게 싸우지 않았다. 전국에서 성금과 식량을 보내주기도 했으며, 해외에 있는 노동자도 격려해주었다.

반론 2. 아니다, 실패한 싸움이다.

1920년대에 들어서 노동 쟁의는 증가했지만, 1930년대를 기점으로 점점 줄어들었다. 일제와 결탁한 자본가를 이길 수 없다는 패배 의식이 자리 잡게 되었다. 성과 없는 싸움에 일자리를 잃을까 걱정하는 노동자가 생기거나 단결력이 약해졌다.

역사 사건이나 인물 가운데에서 논쟁거리가 될 만한 것을 내세워 이 책을 읽는 이는 어떻게 생각하는지 묻는 단계입니다. 두 가지 가운데 한 가지를 고르거나 여러 가지 가운데 한 가지를 골라 쓰거나 자기만의 다른 생각을 쓰면 됩니다.

역사에 비추어 보는 오늘

학습 내용 정해진 답은 없습니다. 자기 생각을 자유롭게 쓰세요.

시위에 나선 농민들

2015년 11월 14일, 서울 도심에는 13만여 명이 모인 대규모 시위가 벌어졌다. 많은 농민이 이 시위에 참여했다. 농민들은 생존권을 지키기 위해 농산물 수입 보장하고 무분별한 식량 수입을 막아달라고 주장했다. 농민 가운데에는 전남 보성에서 온 백남기도 있었다.

경찰은 갑호비상명령을 내리고 2만여 명을 동원해 시위 진압에 나섰다. 경찰버스 679대로 광화문 주변에 빈틈없는 차벽을 설치했고, 캡사이신을 섞은 물대포를 시위대 머리를 향해 쏘았다. 시위대 앞에 있던 농민 백남기는 얼굴에 물대포를 맞고 쓰러졌다. 뇌손상을 입고 317일간 투병하다 최순으로 다음 날인 이듬해 9월 25일에 숨을 거두었다.

2016년 11월 26일, 서울 도심에서 전국농민대회와 백무민 촛불집회를 열기 위해 농민들이 '전봉준 투쟁단'이라는 이름으로 트랙터 수백 대를 몰고 전라남도 해남과 경상남도 진주에서 출발해 서울로 향했다. 경찰은 트랙터가 한꺼번에 서울로 들어오면 교통이 혼잡해진다며 대회를 금지시켰다. 그리고 고...

역사 사건에 비추어서 오늘날의 문제를 살펴보는 단계입니다. 역사에서 얻은 교훈을 바탕으로 오늘날의 문제들을 슬기롭게 해결해가는 방법을 배우도록 하였습니다. 정해진 답이 있는 것은 아니므로 자기 생각을 편안하게 쓰면 됩니다.

첨삭 지도

01 사회주의 운동과 신간회

탐구1 조선 공산당
탐구하기 이재유, 이현상, 김삼룡

탐구2 암태도 소작 쟁의, 그리고 형평 운동
탐구하기 소작 쟁의

탐구3 신간회와 근우회
탐구하기 신간회, 근우회

탐구4 원산 총파업
탐구하기 최저 임금제 확립, 8시간 노동제 실시, 취업 규칙 개정, 노동조합 인정

해석 사회주의 사상이 빠른 시간에 확산된 까닭은?
해석하기 러시아가 1917년 혁명에 성공한 뒤 식민 지배를 받고 있는 민족에 대한 해방 운동을 적극 응원하고 했다. 그러자 새로운 사상과 지식에 보다 쉽게 접근할 수...

가사업 때문에 발 빠르게 대처하지 못하고 있는 현실임을 생각해 봅니다.

해석하기 1) 농업을 나라의 근본이라고 얘기하지만, 농민에 대우는 나빠지고 있다. 산업 사회로 바뀌면서 농업이 전체 산업에서 차지하는 비중이 작아지자, 정책을 결정할 때 농업에 종사하는 농민들에게 희망을 강요하는 경우가 많기 때문이다.
2) 우리나라 기후나 농작물을 자주 바꿔서 농사짓기 어렵다. 그래서 유행하는 작물이나 소득이 높을 것을 예상하고 농작물을 기르기도 하는데, 기후나 농작물 수입 때문에 1년 농사가 성공적으로 수입을 올리기 힘든 경우가 있다. 또 온 국민이 먹는 쌀값도 수매 가격 때문에 1년 내내 농사를 지어도 인건비도 건지지 못할 때가 있다고 한다. 농민들이 한자리에 모여 외치는 것은 생존을 위한 목소리이기 때문에 농민 시위는 계속되고 있다.

'역사 탐구'와 '역사 해석'에서 묻는 질문들에 대한 정답과 '역사 토론'과 '역사에 비추어 보는 오늘'에서 묻는 질문들에 대한 학습 가이드와 예시 답안을 담고 있습니다. 공부를 하다가 생각이 열리지 않을 때 펼쳐보면 문제를 해결하는 데 도움이 될 것입니다.

한국사 인물 vs 세계사 인물

한국사와 세계사에 등장하는 주요 인물 비교

| 정복·군주 | 광개토 대왕 | 건축가 | 아버지 | 여행·기록문 | 혜초 | 과학자 | 장영실 | 장군 | 이순신 | 재상 | 체제공 |
| | 알렉산드로스 대왕 | | 구스타프 에펠 | | 마르코 폴로 | | 에디슨 | | 넬슨 | | 쉴리 |

각 권마다 역사 공부에 도움이 될 자료들을 배치하였습니다. 이 책에서는 한국사 인물 vs 세계사 인물(한국사와 세계사에 등장하는 주요 인물 비교)을 담았습니다.

배운내용 토론하기

역사에 비추어 보는 오늘

※지난 역사 사건에 비추어서 오늘날 상황 및 문제를 살펴보고 생각해 보는 꼭지입니다. 오늘날 상황과 문제에 대한 슬기로운 해결 방법을 찾아보세요.

※중학교 역사교과서, 교과연계 출판사 선정은 2017년 기준 교과서 채택 상위 3곳을 대상으로 하였음을 알려드립니다.

※초등교과연계는 2009개정교육과정 초등 사회 교과서를 기준으로 하였습니다.

01 사회주의 운동과 신간회

역사 연대기

1923년 | 암태도 소작 쟁의가 일어남
1924년 | 조선 노농 총연맹이 창립됨
1925년 | 조선 공산당이 창당됨
1927년 | 신간회와 근우회가 창립됨

학습 목표

❶ 암태도 사람들이 소작 쟁의를 일으킨 까닭을 이해할 수 있다.
❷ 조선 공산당 조직과 활동 내용을 파악할 수 있다.
❸ 원산 총파업이 진행된 과정을 설명할 수 있다.
❹ 신간회와 근우회가 벌인 활동 내용을 파악할 수 있다.

교과 연계

초등사회 6-1   ⊘ **2. 근대 국가 수립을 위한 노력과 민족 운동**
    4) 나라를 되찾기 위한 노력

중등역사 2(비상)   ⊘ **2. 민족 운동의 전개**
    2) 민족 분열 통치와 다양한 민족 운동

중등역사 2(미래엔)   ⊘ **2. 민족 운동의 전개**
    2) 민족 분열 통치와 국내외 항일 민족 운동

중등역사 2(천재)   ⊘ **2. 민족 운동의 전개**
    2) 민족 분열 정책과 국내외 민족 운동

▲ 조선 공산당 검거와 재판을 다룬 신문 기사

탐구1 ▪ 조선 공산당 ▾

1917년 러시아 혁명이 일어나자 연해주와 만주에서 활동하던 독립운동가와 일본 유학생 사이에 사회주의 이념이 널리 퍼졌다. 러시아가 식민지 해방 운동을 적극 지원한다고 알려지면서 나라 안 지식인, 청년들에게도 빠르게 퍼져 나갔다. 독서회를 만들어 사회주의 사상을 공부하고 단체를 만들어 일제에 맞서려 했다.

> **사회주의** 자본주의가 낳은 모순을 해소하고, 생산 수단을 사회적으로 공유하는 사회 체제를 통해 모든 사람이 평등하게 조화를 이루는 사회를 실현하려는 사상 및 운동

1925년 4월 17일, 박헌영을 비롯한 화요회 회원이 주축이 되어 조선 공산당이 창건되었다. 김재봉을 비롯한 19명은 국제 공산주의 조직인 코민테른에 조선 공산당 창건을 알리고 승인을 얻기 위해 모스크바에 조동호와 조봉암을 파견했다.

조선 공산당은 1926년 6월 10일, 순종 황제 장례식에 민중 봉기를 계획하고, 조선 독립과 민족 해방을 담은 '조선 공산당 선언'을 발표했다. 1934년에는 이재유, 이현상, 김삼룡 등이 주축을 이룬 '경성 트로이카'를 중심으로 제국주의에 저항하며, 노동조합 운동, 독서회, 농민 운동, 학생 운동 등을 벌여나갔다.

▲ **경성 트로이카**(위부터 이재유, 이현상, 김삼룡)

조선 공산당 선언문과 강령

1. 민주 공화국을 건설하되 최고 및 일체 권력은 국민으로부터 조직한 직접, 비밀(무기명 투표), 보통 및 평등 선거로 성립한 입법부에 있도록 만드는 일.
2. 직접, 비밀, 보통, 평등 선거로 광대한 지방 자치를 건설하는 일.
3. 전 국민 무장을 실시하고, 국민 경찰을 조직함.
5. 인민 신체나 가택을 침범하지 못함.
6. 사상, 언론, 출판, 집회, 결사 및 동맹 파업을 할 수 있는 자유를 가짐.
7. 문벌을 타파하고 전 인민이 절대 평등 권리를 가짐.
8. 여자를 모든 압박에서 해탈시키는 일.
10. 학교 자유를 보장하고 무료 또는 의무 보통 및 직업 교육을 남녀 18세까지 실시할 일, 빈민 학령 자녀에 대한 의복과 음식, 교육용품을 국가 경비로 공급할 일.
11. 각종 간접세를 폐지하고 소득세, 상속세를 누진율로 할 일.

 **탐구하기** 경성 트로이카를 이끈 대표적인 활동가 3명은 누구인가요?

탐구 2 ☞ 암태도 소작 쟁의 그리고 형평 운동

암태도는 전남 신안군에 있는 섬으로 목포에서 25km 정도 떨어져 있다. 돌이 많은 섬이라는 뜻으로 농사지을 수 있는 땅은 그리 많지 않았다.

일제는 '저미가 정책(低迷價政策)'이라는 이름으로 우리나라 쌀을 헐값에 강제로 사들였다. 정책이라고 말했지만 우리나라 쌀을 수탈해 가는 것이었다. 쌀값이 떨어지자 농민의 수익이 줄어들었지만 농민에게 소작을 주는 지주도 수익이 줄어들었다. 지주는 줄어든 수익을 소작료를 올리는 것으로 해결하려고 했다. 암태도 지주인 문재철은 그동안 3~4할로 받아오던 소작료를 7~8할로 올렸다. 10가마를 수확하면 7~8가마를 소작료로 내야 하니 농민은 먹고 살기 힘들게 되었다. 암태면장 출신으로 독립운동을 하던 서태석이 앞장 서 '암태도소작농민회'를 만들었다.

암태도소작농민회는 문재철에게 소작료를 4할로 내려달라고 요청했다. 들어주지 않자 소작료를 내지 않는 불납 운동을 벌였다. 그리고 농민 대회를 열고, '전조선노동자농민대회'에 대표를 파견해 소작 문제를 호소하기로 했다. 문재철은 사람을 동원해 농민 대회를 마치고 돌아가는 농민을 폭행하고 농민 대회 결의를 무시해 버렸다. 분노한 암태도소작농민회가 문재철 부친 송덕비를 무너뜨린 일로 폭력 사태가 벌어졌고 소작농민회 간부가 경찰에 검거되었다.

사태가 악화되자 암태청년회장 박복영은 이번 사건이 암태도 전체 문제라고 여겨 면민 대회를 열었다. 그래도 문제가 해결되지 않자 농민 6백 여 명이 굶어죽더라도 해결될 때까지 돌아오지 않기로 하는 아사(餓死) 동맹을 맺고 목포 법원 앞마당에서 단식 투쟁을 벌였다. 이 사건은 전국에 보도되었고 한국인 변호사들이 재판에 무료 변론을 하겠다며 나섰다. 목포 시민들은 음식을 해 날랐고 전국에서 지원금이 모아졌다. 폭동으로 번질 것을 두려워한 목포경찰서장은 검거한 사람을 모두 석방했다. 그리고 소작료를 4할로 내리며 서로 고소를 취하했고 비석은 소작 농민회가 복구하기로 약속했다. 소작 쟁의는 전국으로 번졌으며, 1927년에는 농민 운동 단체인 조선농민총동맹이 만들어졌다.

1923년에는 진주에서 조선 형평사라는 단체를 중심으로 백정도 평민으로 대우해 달라는 천민 지위 향상 운동이 일어났다. 조선 형평사는 전국 조직으로 커졌고 항일 운동도 벌여나갔다.

▲ 형평 운동 포스터

 탐구하기 암태도에서 일어난 농민 운동은 무엇인가요?

탐구 3 ⟶ 신간회와 근우회

1920년대 후반이 되자 독립을 위해서는 사상이 다른 단체도 서로 힘을 합쳐 독립 의지를 하나로 모아야 한다는 움직임이 커졌다. 일제와 타협하지 않으려는 민족주의 단체와 사회주의 단체가 손을 잡고 신간회를 창립했다. 신간회는 대중에게 열렬한 지지를 받아 전국에 140여 개나 되는 지회를 결성했고, 회원이 4만 명이나 되는 최대 항일 운동 단체가 되었다.

신간회는 강연회와 연설회를 열어 민족의식을 드높였다. 소작 쟁의와 노동 쟁의, 동맹 휴학을 뒤에서 돕고 만주에서 활동하는 독립군에게 자금을 지원했다. 또 수재민을 돕기도 했다. 가장 대표적인 활동은 광주 학생 항일 운동 지원이다. 1929년 10월, 광주에서 나주로 가는 통학 열차에서 일본 남학생이 한국 여학생을 희롱하자 한국 남학생과 일본 남학생이 나주역에서 싸움을 벌였다. 일제 경찰과 학교가 일본 학생 편만 들자 광주에 있는 여러 학교에서 대규모 시위가 벌어졌다.

신간회는 조사단을 파견해 구속된 학생을 변호하는 등 적극 후원에 나섰고, 광주 학생 항일 운동을 전국으로 확산시키려 했다. 그러나 일제 탄압으로 간부들이 체포되면서 신간회도 큰 타격을 입었다. 새로 구성된 집행부가 일제와 타협하려고 하자 사회주의자들이 크게 반발해 신간회 해소를 주장했다. 신간회가 해소되자 민족주의 계열은 문화, 학술 활동에 힘을 쏟았고, 사회주의 계열은 농민조합, 노동조합을 결성해 항일 투쟁을 활발히 전개했다.

신간회가 만들어지자 여성 단체들도 1927년 5월, '여성이 스스로 해방되는 날 세계가 해방될 것'이라고 선언하며 민족주의와 사회주의 여성 단체를 통합해 근우회를 만들었다. 회원수가 2,900여 명에 이르고 국내와 국외에 수십 개 지회를 두었다. 여성을 대상으로 강연회를 열어 의식을 변화시키고 야학을 열어서 민족 교육과 문맹 퇴치 운동을 벌였다. 또 여성 노동자가 파업을 하면 진상을 조사해 도왔고, 광주 학생 항일 운동을 비롯한 학생 운동을 지원했다. 일제 탄압이 점점 심해져 활동이 위축되자 사회주의 계열은 사상 무장을 통해 여성 운동을 활발하게 전개해야 한다고 주장했다. 그러나 민족주의 계열은 '근우회를 공산당으로 만들려고 한다.'며 반대했다. 근우회는 갈등에 휩싸였고 신간회마저 해소되자 근우회도 해소되고 말았다.

> 신사참배는 평화를 파괴하는 전쟁에 찬성하고 식민지 지배를 당해도 좋다고 스스로 인정하는 거야.

> 여성 스스로 해방되는 날 세계가 해방될 거야.

> 독립운동에는 남녀가 따로 있을 수 없지.

🔍 **탐구하기** 1920년대 민족주의 단체와 사회주의 단체가 힘을 합쳐 만든 두 단체는 무엇인가요?

탐구 4 · 원산 총파업

강화도 조약으로 항구가 열리면서 함경남도 원산에는 많은 산업 시설이 들어섰다. 그러나 일제 강점기가 되면서 한국인 노동자는 일본인 노동자에 비해 절반에도 미치지 못하는 임금을 받는 등 먹고 살기조차 힘든 노동 착취와 수탈을 당했다. 1920년대 사회주의 사상이 들어오면서 노동자가 권리를 찾으려는 움직임이 많아져 여러 노동조합이 생겼다.

1928년 9월, 문평 라이징 선(Rising Sun) 석유 회사에서 일본인 현장 감독이 한국인 노동자를 때리는 사건이 일어났다. 노동자 120명은 현장 감독관을 해고하는 것을 비롯해 다섯 가지 요구 조건을 내걸고 파업에 들어갔다. 사무직원들도 파업에 참가하고, 원산노동연합회가 지원에 나섰으며, 문평에 있는 운송 조합도 파업에 들어갔다.

회사가 요구 조건을 들어준다고 해서 파업을 풀었지만 3개월이 지나도 약속을 지키지 않자 1929년 1월 13일, 다시 파업에 들어갔다. 최저 임금제 확립, 8시간 노동제 실시, 취업 규칙 개정과 함께 회사가 노조를 인정해 줄 것을 요구했다.

원산노동연합회 소속 부두 노동자들은 라이징 선 회사 화물은 싣고 내리지 않기로 했다. 그러자 일본인 자본가 모임인 원산상공회의소에서 원산노동연합회 소속 노동자는 고용하지 않겠다고 발표한 뒤 인천이나 중국에서 노동자를 모집했다. 원산상공회의소가 내린 결정에 맞서 원산노동연합회는 총파업에 들어갔다. 운반노동조합을 비롯한 원산 지역 노동조합 대부분이 파업에 참여했다. 라이징 선에서 시작한 파업은 원산에 있는 일본인 자본가와 한국인 노동자가 맞선 싸움으로 번졌다. 파업이 길어지고 지도부가 체포되면서 원산 총파업은 위기를 맞았다. 새 지도부는 투쟁보다는 타협 쪽으로 방향을 바꾸었고, 3천여 명이 참여한 원산 총파업은 3개월 만에 끝났다.

비록 일제 탄압으로 목표를 이루지는 못했지만, 제국주의 자본 침탈과 노동 착취에 맞선 항쟁이었다. 원산 총파업은 항일 투쟁과 노동자 권리를 찾으려는 정신으로 이어져 전국에서 노동자 파업이 일어나는 계기가 되었다.

 탐구하기 라이징 선 노동자들이 다시 파업에 들어가며 요구한 것은 무엇인가요?

해석 ○ 사회주의 사상이 빠른 시간에 확산된 까닭은?

사회주의 사상은 일제 강점기 지식인과 청년 사이에 빠르게 퍼져나갔다. 이토록 사회주의 사상이 빠르게 퍼져나간 이유는 무엇일까?

첫째, 러시아 혁명 성공에 영향을 받았기 때문이다.

1917년 러시아 혁명에 성공한 사회주의 정권은 식민 지배를 받고 있는 민족에 대한 독립운동을 적극 돕겠다고 했다. 일제 지배를 받고 있던 우리나라 청년 지식인은 사회주의가 일제 강점으로부터 벗어나게 해줄 구원자라고 여겼다. 러시아가 우리와 국경을 마주하고 있었고, 연해주를 비롯한 러시아 땅에 한국인들이 많이 살고 있었기 때문에 러시아에 대한 친근감도 강했다.

둘째, 민족주의가 3·1 만세 운동을 끝까지 이끌지 못한 것에 실망했기 때문이다.

러시아 혁명 정부는 민족 해방 운동을 지원했지만 미국을 비롯한 제국주의 나라는 식민지가 독립하는 것을 철저히 외면했다. 또 민족주의자 가운데에는 개량주의라는 이름으로 일제에 협력하는 사람이 등장하기도 했다. 청년 지식인들은 이런 민족주의 노선을 거부하고 새로운 사상을 통해 독립운동을 펼치려 했다.

셋째, 사회주의가 설득력 있는 방향을 제시했기 때문이다.

사회주의는 제국주의를 비판하고, 독립과 평등을 내세우며 좀 더 나은 세상을 만들자는 주장을 펼쳤다. 식민 지배 아래에서 어려움을 겪으며 힘든 생활을 이어가던 사람들에게 사회주의가 내세운 사상이 쉽게 받아들여졌다.

넷째, 예의와 범절만을 중시하는 계급 사회에 대한 반감이 심했기 때문이다.

나라가 망하고 일제 식민지가 된 것은 형식에 얽매인 예의와 범절만을 중요하게 여겼기 때문이라는 반성이 크게 일어났다. 사회주의가 내세운 주장은 낡은 제도와 악습을 몰아낼 수 있는 신선한 사상이라고 생각했다.

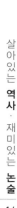

 해석하기 1920년대에 사회주의 운동이 지식인 중심이 되었던 이유는 무엇일까요?

3천여 명이 3개월 동안 벌인 원산 총파업은 성공한 것일까, 실패한 것일까?

토론 내용 문평 라이징 선 석유회사에서 시작된 원산 총파업은 원산 지역 노동자가 힘을 합친 일제 강점기 최대 규모 노동 쟁의였다. 파업이 길어지고 지도부가 체포되면서 위기를 맞은 총파업은 새 지도부가 타협 쪽으로 방향을 바꾸면서 3개월 만에 끝났다.

 1. 성공한 싸움이다.

열악한 노동 환경과 민족 차별에 억눌려 있던 노동자가 들고 일어선 것만으로도 성공한 싸움이었다. 원산 총파업은 원산노동연합회만이 외롭게 싸우지 않았다. 전국에서 성금과 식량을 보내주기도 했으며, 해외에 있는 노동자도 격려해주었다.

 2. 아니다. 실패한 싸움이다.

1920년대에 들어서 노동 쟁의는 증가했지만, 1930년대를 기점으로 점점 줄어들었다. 일제와 결탁한 자본가를 이길 수 없다는 패배 의식이 자리 잡게 되었다. 성과 없는 싸움에 일자리를 잃을까 걱정하는 노동자가 생겨나 단결력이 약해졌다.

 3. 그래도 성공한 싸움이다.

처음에는 임금 인상 투쟁이나 임금 인하 반대 투쟁이었으나 점점 8시간 노동제 확립과 노동 조건 개선을 주장했다. 원산 총파업은 작지만 일본 제국주의와 그 아래 빌붙은 자본가에 맞선 파업이었다. 제국주의 약탈 전쟁에 저항하는 여러 나라 노동자에게서 큰 호응과 지지를 끌어냈으며 파업 투쟁 속에서 단련된 모습을 보여 주었다.

 4. 아무리 그래도 실패한 싸움이다.

원산상공회의소에서 어용 단체를 만들어 원산노동연합회를 이간질시켰다. 그 결과 지도부는 와해되고 분열되었다. 파업이 길어지자 노동자는 분열되었다. 지도부가 일제와 타협했고 파업 후에 성과물이 없었기 때문에 실패한 싸움이었다.

토론하기 원산 총파업은 성공한 싸움이었을까요, 실패한 싸움이었을까요? 자기 생각을 밝히고, 그 까닭을 쓰세요.

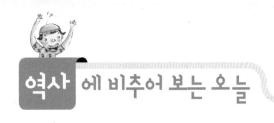

학습 내용 | 정해진 답은 없습니다. 자기 생각을 자유롭게 쓰세요.

⭘ 다음 글을 읽고, 일제 강점기에 소작 쟁의를 벌인 것처럼 지금도 많은 농민이 거리로 나와 시위를 벌이는 것에 대해서 생각해 봅시다.

시위에 나선 농민들

2015년 11월 14일, 서울 도심에는 13만여 명이 모인 대규모 시위가 벌어졌다. 많은 농민도 이 시위에 참여했다. 농민들은 생존권을 지키기 위해 농산물 가격을 보장하고 무분별한 식량 수입을 막아달라고 주장했다. 농민 가운데에는 전남 보성에서 온 백남기도 있었다.

경찰은 갑호비상명령을 내리고 2만여 명을 동원해 시위 진압에 나섰다. 경찰버스 679대로 광화문 주변에 빈틈없는 차벽을 설치했고, 캡사이신을 섞은 물대포를 시위대 머리를 향해 쏘았다. 시위대 앞에 있던 농민 백남기는 얼굴에 물대포를 맞고 쓰러졌다. 뇌손상을 입고 317일간 투병하다 칠순 다음 날인 이듬해 9월 25일에 숨을 거두었다.

2016년 11월 26일, 서울 도심에서 전국농민대회와 범국민 촛불집회를 열기 위해 농민들이 '전봉준 투쟁단'이라는 이름으로 트랙터 수백 대를 몰고 전라남도 해남과 경상남도 진주에서 출발해 서울로 향했다. 경찰은 트랙터가 한꺼번에 서울로 들어오면 교통이 혼잡해진다며 대회를 금지시켰다. 그리고 고속도로를 막아섰다. 길이 막힌 농민들은 경찰을 규탄하는 시위를 벌였다.

2017년 2월, 강원도 철원군 농민들이 트럭과 트랙터를 몰고 철원군청 앞에 모였다. 정부가 쌀값이 떨어진 이유를 생산이 늘어났고, 소비가 줄어들었기 때문이라고 하자 크게 반발했다. 농민들은 정부가 관리를 제대로 하지 못해 쌀값이 떨어졌다며 올바른 대책을 세워달라고 시위를 벌였다.

🔑 **생각열기** 오늘날에도 농민 시위가 계속 이어지는 까닭은 무엇일까요?

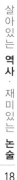

02 1930년대 독립운동과 한인 애국단

역사 연대기

1931년 | 일본이 만주 사변을 일으킴
1932년 | 이봉창과 윤봉길이 의거를 일으킴
1937년 | 일본이 중·일 전쟁을 일으킴
1940년 | 한국광복군을 창설함

학습 목표

❶ 1930년대 독립운동을 이해할 수 있다.
❷ 김구를 통해 한인 애국단 활동을 파악할 수 있다.
❸ 여성 독립운동가들을 찾아볼 수 있다.
❹ 임시 정부와 한인 애국단 활동이 독립운동에 끼친 영향을 설명할 수 있다.

▲ 이봉창

▲ 윤봉길

▲ 도시락 폭탄과 물병 폭탄

탐구 1 ● 1930년대 국제 정세와 해외 독립운동

1930년대 독립군과 중국이 연합해 항일 무장 투쟁을 벌이려 하자 일제는 중국인과 한국인을 이간질시키려 했다. 1931년 만주 만보산에서 일본 사주를 받은 중국인이 한국인과 논을 만들며 수로를 팠다. 자기 땅에 수로가 생기면서 피해를 입은 많은 중국인이 공사를 막으려 했으나, 일본 경찰이 수로 공사를 보호해 주었다. 그리고 한국 신문에는 중국인이 습격해 많은 한국인이 살해되었다고 허위 기사를 싣게 했다.

나라 안에서 많은 한국인이 중국인에게 보복을 가해서 죽는 사람도 생겼고 많은 중국인이 자기나라로 돌아가 버렸다. 그러자 만주에서는 중국인이 복수를 한다며 한국인을 습격했다. 이것을 '만보산사건'이라고 한다. 이 사건으로 한국과 중국 사이는 크게 벌어지고 말았다. 이후 일제는 만주 봉천에서 철도 선로를 몰래 폭파한 뒤 트집을 잡아 '만주 사변'을 일으켰으며, 괴뢰 정부인 만주국을 세워 만주를 직접 지배했다.

1932년 일제는 중국인을 매수해 일본 승려를 죽였다. 이를 핑계로 '상하이 사변'을 일으켜 중국 본토까지 점령하자 독립운동은 더욱 위기를 맞았다. 임시 정부에 대한 동포 지원도 줄었고, 많은 독립운동가도 떠나 버렸다.

이렇게 만주와 중국 본토까지 일제 탄압이 강해졌으나 만주에서는 지청천이 '한국 독립군', 양세봉이 '조선 혁명군'을 만들어 독립운동을 이어갔다. 또 많은 독립운동가가 중국 공산당에 들어가 '동북 항일 연군'이라는 부대를 조직했다. 이들은 국내로도 진격해 관공서를 공격하기도 했다.

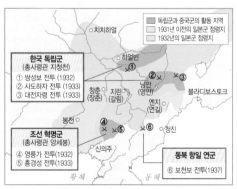

▲ 1930년대 해외 독립군 활동

김구도 임시 정부 권위를 회복하고 독립 의지를 널리 알리기 위해 1931년 상하이에서 '한인 애국단'을 조직했다. 단원 80여 명은 비밀리에 일제 주요 인물을 공격하는 등 목숨을 걸고 독립운동에 나섰다.

 김구가 한인 애국단을 조직한 까닭은 무엇인가요?

탐구 2 · 백범 김구

▲ 백범 김구

김구는 1876년 가난한 농부 아들로 태어났다. 집안을 일으키기 위해 과거에 응시했으나 돈이나 권력으로 관직을 사고파는 모습에 실망하여, 벼슬을 얻으려던 생각을 버렸다. 동학접주로 활약하다가, 을미사변이 일어나자 중국으로 건너가 의병 운동에 참여했다. 고향으로 돌아오는 길에 치하포 나루터에서 명성 황후를 죽인 원수라 여겨 일본군 중위 쓰치다를 살해해 사형 선고를 받았지만, 고종이 내린 특별 명령으로 사형을 면했다.

김구는 이동녕, 안창호, 양기탁 등과 함께 신민회를 결성해 구국 운동을 펼쳤다. '우리 백성이 배워서 깨우쳐야 일본을 이길 수 있다.'는 믿음으로 양산 학교에서 교장을 하며 교육 운동에도 힘썼다. 1910년 안명근이 독립 자금을 모집하다가 붙잡힌 사건으로 체포되어 투옥되었다. 가석방 된 뒤, 일본 경찰 감시가 심해지자 중국 상하이로 가 임시 정부 활동에 힘썼다. 김구는 내무총장을 거쳐 임시 정부 주석 자리에 올랐다.

또 한인 애국단을 만들어 이봉창이 일본왕에게 폭탄을 던진 의거와 윤봉길이 상하이 홍커우 공원에서 폭탄을 던진 의거를 이끌었다. 1940년에는 한국광복군을 만들어 대한민국이라는 이름으로 일제에 선전 포고를 했다. 연합군과 함께 국내 진공 작전을 준비했지만 일본이 연합군에 항복해 실행하지는 못했다.

1945년 8월 15일 광복을 맞아 귀국한 뒤, 귀국해 미국과 소련이 나라를 맡아서 대신 통치한다는 신탁 통치 결정이 내려지자 반대 운동을 이끌었다. 1948년 남한에서만 정부를 세우는 선거를 하려 하자 남북한 모두 하나가 되는 정부를 세우기 위해 평양에서 열린 남북한 지도자 연석회의에 참석했다. 하지만 김일성도, 이승만도 단일 정부를 세우는 것을 외면했다. 1949년 경교장에서 육군 소위 안두희에게 암살당했다.

> 근래 우리 동포 중에는 우리나라를 어느 이웃나라 연방에 편입하기를 소원하는 자가 있다 하니, 나는 그 말을 차마 믿으려 아니하거니와 만일 진실로 그러한 자가 있다 하면, 그는 제정신을 잃은 미친놈이라고 밖에 볼 길이 없다. 나는 공자, 석가, 예수에 관한 도를 배웠고 그들을 성인으로 숭배하지만 그들이 합하여서 세운 천당, 극락이 있다 하더라도 그것이 우리 민족이 세운 나라가 아닐진대, 우리 민족을 그 나라로 끌고 들어가지 아니할 것이다.
>
> - 김구, 《백범일지》-

🔍 **탐구하기** 김구가 남북한 지도자 연석회의에 참석한 까닭은 무엇인가요?

탐구 3 ▶ 이봉창과 윤봉길

나는 분명히 일왕을 죽이려 폭탄을 던졌다!

💡**이봉창** 철도회사에서 일할 때 일본인에 비해 심하게 차별 받는 것을 알고 더 나은 일자리를 얻기 위해서 일본으로 건너갔다. 이봉창은 우리나라가 일제 식민지였기에 자신이 잘 살기 위해서는 일본인이 되어야 한다고 생각했다. 하지만 어디서나 한국인이어서 차별 받았고, 또 일본 왕 즉위식에서 한국인이라는 이유만으로 체포되었다. 열흘 넘게 감옥에 갇혀 있으면서 독립운동에 나서야겠다고 결심했다. 이봉창은 중국으로 건너가 대한민국 임시 정부에서 김구를 만났고, 일본 왕을 암살하자고 제안했다. 한인 애국단에 입단하고 '나는 적성(마음에서 우러나오는 참된 정성)으로써 조국의 독립과 자유를 회복하기 위하여 한인 애국단의 일원이 되어 적국의 수괴를 도륙하기로 맹세하나이다.'라는 선서를 했다.

1932년 1월 8일 도쿄에서 일본 왕이 참석하는 군대 행렬이 있었다. 이봉창은 일왕이 탄 마차에 폭탄을 던졌지만 폭탄이 터지지 않았고, 태극기를 꺼내 흔들며 '대한 독립 만세'를 외치다 잡혔다. 이봉창은 재판에서도 "나는 일왕을 죽이려 폭탄을 던졌고, 실패한 것을 유감으로 생각한다. 내가 폭탄을 던진 것은 한국 민족이 모두 일제 식민지 지배에서 벗어나 독립되기를 희망하기에 그 민족을 대표해 결행한 것이다."라고 진술했다. 이봉창은 이 의거를 같이 계획한 사람이 김구라는 것을 밝히지 않았고, 32세 나이로 일본 형무소에서 순국했다.

💡**윤봉길** 충남 예산에서 농촌 계몽 운동을 벌이다가 22세에 만주로 가 독립운동을 했다. 독립을 위해 할 일을 찾던 가운데 이봉창 의거를 보고 김구를 찾아갔다. 윤봉길은 김구와 함께 일본이 전쟁 승리를 축하하는 기념식이 상하이 홍커우 공원에서 열린다는 것을 알고 폭탄 투척을 계획했다.

이봉창 의거가 폭탄 불발로 실패했기 때문에 여러 차례 실험하는 등 치밀하게 의거를 준비했다. 4월 26일 한인 애국단에 가입해 선서를 한 3일 뒤 미리 준비한 도시락, 물병 폭탄을 들고 기념식장에 들어섰다. 기념식이 진행되는 도중에 윤봉길은 물병 폭탄을 던졌다. 폭탄은 크게 터져 일본군 최고 사령관, 사단장, 총영사, 거류민단 서기장 등이 크게 다치고 죽었다. 상하이를 침략한 일본군 최고 군인 7명이 죽거나 다친 것이다. 윤봉길은 그 자리에서 체포되었고, 그해 12월에 일본 형무소에서 25세 나이로 순국했다.

🔍 **탐구하기** 이봉창과 윤봉길이 한 의거를 써 보세요.

• 이봉창: _____

• 윤봉길: _____

탐구 4 ● 여성 독립운동가

여성도 열렬하게 독립운동을 전개했다. 3·1 만세 운동 때 신분이나 직업에 상관없이 많은 여성이 만세 운동에 참여했다. 해외에서도 많은 활동을 했다.

김마리아 2·8 독립 선언에 참여했고, 대한민국 애국 부인회 회장으로 활동하면서 군자금을 임시 정부에 전달했다. 미국에 유학을 가서 여성 독립운동 단체를 조직하기도 했고, 귀국 뒤에도 종교 모임 등을 통해 민족의식을 높이고, 신사 참배를 거부하는 등 항일 투쟁을 했다.

남자현 중국에서 독립군 부대에 들어가 활동하고 여성 계몽 운동도 벌였다. 1925년에 총독을 암살하기 위해 국내로 들어왔으나 실패했다. 또 세계에 일제 만행을 직접 호소하기 위해 손가락을 잘라 혈서를 쓴 뒤 하얼빈에 파견된 국제연맹조사단에게 손가락 마디를 함께 전달하기도 했다. 1933년 행사에 참석하려는 일본대사를 암살하기 위해 권총과 폭탄 등을 몸에 숨기고 가던 중 체포되었고, 옥중에서 단식 투쟁을 벌이기도 했다.

박차정 의열단에 들어가 활동했고, 조선 의용대가 만들어지자 부녀복무단 단장을 맡아 여자대원을 이끌고 무장 투쟁에 나섰다. 전투에서 당한 부상 후유증으로 35세에 순국했다.

안경신 국내에서 군자금을 모아 임시 정부에 전달하는 역할을 했다. 그 뒤 중국에서 독립운동을 하다가 미국 의원 사찰단 100여 명이 우리나라에 온다는 소식을 듣고 독립 의지를 세계에 알리기 위해 평안남도 도청과 평양경찰서에 폭탄을 던졌다.

윤희순 시아버지가 의병 운동에 나서자, 나라를 구하는 데에는 남녀 구별이 없으니 여성도 의병 운동에 나서자며 이끌었다. '안사람 의병가'를 비롯한 여러 의병가를 지어 널리 퍼트렸다. 군자금을 모아 화약을 만들었고, 여성 30여 명을 모아 여성 의병 부대를 처음으로 조직하기도 했다. 또 조선인과 중국인들에게 군자금을 모아 독립운동을 지원했다. 학교를 세워 인재를 양성했고, 아들인 유돈상이 조선 독립단을 조직하자 가족 부대를 만들어 훈련을 함께 했다.

오광심 조선 혁명당에 가입해 유격대 및 한·중 연합 항일전에 참여하고 지하 연락 활동을 맡았다. 한국광복군이 세워지자 선전 활동을 하고, 전투에 참여하기도 했다.

이화림 한인 애국단에서 윤봉길 의거를 돕기도 했고, 조선 의용대 부녀대 대장으로 활동했다. 민족 혁명당에 들어가 부녀국에서 의료 보건 사업을 맡았다.

탐구하기 의병가를 지어 퍼트리고 처음으로 여성 의병 부대를 만든 독립운동가는 누구인가요?

해석 ● 이봉창, 윤봉길 의거는 독립운동에 어떤 영향을 주었을까?

이봉창 의거는 일왕을 죽이는 데에는 실패했으나 일본 수도 한 가운데에서 왕에게 직접 폭탄을 던졌다는 것은 한국과 일본을 넘어서 전 세계에 큰 충격을 주었다. 김구는 의거가 일어난 뒤 선언문을 통해 의거는 정당하며 이를 지지한다고 발표했다.

일본에서는 의거에 대한 책임을 지고 일본 수상 등 내각이 모두 사퇴했으며, 많은 경찰과 군인이 처벌 받았다. 살아있는 신(神)으로 받드는 왕에게 한국인이 폭탄을 던진 사건은 왕과 나라에 큰 수치이고 권위가 떨어진 것이라고 여겨 일본 국민도 큰 충격을 받았다.

중국 여러 신문은 '한국인 이봉창이 일왕을 습격했으나 불행히도 명중하지 못했다.'고 보도했는데, 일본이 크게 항의해 신문사가 파괴되고 신문사 사장과 기자가 해고되기도 했다. 또 일본은 상하이를 침공하는 핑계로 삼기도 했다. 하지만 한국 신문인 〈동아일보〉는 이봉창을 '범인'이라고 하며, 일본 왕이 죽지 않은 것이 천만다행이라는 뜻으로 '폐하가 무사히 환궁하셨다.'며 대불경(大不敬) 사건이 발생했다고 보도했다. 총독부 발행 신문인 〈매일신보〉는 친일파가 작성한 사죄 담화와 충성 결의문을 실어 일본 왕에 대한 충성을 드러냈다.

이봉창 의거가 일어난 뒤 임시 정부에는 독립운동을 하겠다는 사람이 많이 찾아왔다. 미국 동포들도 지지와 성원을 보내면서 임시 정부는 활력을 되찾았다.

뒤이어 일어난 윤봉길 의거 또한 전 세계를 놀라게 했다. 일제는 두 의거를 도운 김구에게 높은 현상금을 걸었고, 임시 정부 청사는 수색을 당했다. 많은 한국인이 체포되면서 임시 정부는 여러 차례 옮겨다녀야 했다. 하지만 '중국 백만 군대가 하지 못한 일을 한 청년이 했다.'라며 중국 국민당 주석 장제스는 김구를 만나 지원을 약속했다. 개인이 보내주는 독립 자금으로 운영되던 임시 정부는 모든 활동 경비와 숙소에 대한 지원을 중국 정부로부터 받게 되었다. 또 낙양군관학교를 세워 우리나라 청년이 훈련 받을 수 있게 해주었다. 만보산 사건으로 갈라진 두 나라 국민도 관계가 회복되었다. 두 나라 군대도 합동 작전을 계획하며 힘을 합쳐 일제에 맞서기로 했다.

이봉창, 윤봉길 의거로 한국 독립운동은 다시 힘을 낼 수 있었다. 중국과 벌인 전쟁에서 일제가 잇달아 승리하자 독립 의지가 점점 꺾이고 있었으나 두 의거로 새로운 기운이 솟아났다. 침체되어 있던 임시 정부도 새롭게 일어날 수 있게 되었다.

> 🔍 **해석하기** 이봉창 의거, 윤봉길 의거는 독립운동에 어떤 영향을 주었나요?

역사 토론

📍 김구는 왜 임시 정부를 두고 한인 애국단을 만들었을까?

[토론 내용] 임시 정부를 이끌고 있던 김구는 임시 정부를 두고 한인 애국단이라는 단체를 따로 만들었다. 이봉창, 윤봉길은 한인 애국단에 입단해 의거를 일으켰다.

 1. 임시 정부가 제 역할을 못했기 때문이다.

1920년대를 거치면서 일제 탄압으로 임시 정부는 힘이 약해져 있었다. 동포로부터 후원이 줄어 재정도 부족했고, 독립운동 방향에 대한 생각이 달라 많은 독립운동가가 임시 정부를 떠난 상태였다. 항일 투쟁을 할 형편이 되지 못했다.

 2. 임시 정부가 무장 투쟁을 할 형편이 되지 못했기 때문이다.

의열 투쟁은 무장 투쟁과는 달리 한 개인이 결단하고 희생하는 투쟁이다. 군대도, 조직도, 자금도 없는 상황에서 임시 정부가 공식적으로 무장 투쟁을 할 수 없었기 때문이다.

 3. 일제에 저항할 방법을 찾지 못했기 때문이다.

일제는 힘이 더욱 강해져 1931년에 만주 사변을 일으키며 중국까지 침략했다. 동포에게 도움받기가 어려웠고, 일제 감시로 임시 정부 활동도 벌여 나가기 어려웠다. 비밀을 유지하며 의열 투쟁을 할 수 밖에 없었다.

 4. 독립운동을 하려는 사람에게 길을 열어줄 수 있기 때문이다.

임시 정부가 침체되어 있어도 독립운동을 하겠다며 찾아오는 사람은 많았다. 의열 투쟁은 자금도 없고 군대도 없는 임시 정부가 독립운동을 할 수 있는 길을 열어 줄 수 있는 방법이었다.

[토론하기] 김구는 왜 임시 정부를 두고 한인 애국단을 만들었을까요? 자기 생각을 밝히고, 그 까닭을 쓰세요.

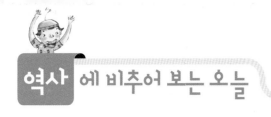

학습 내용 | 정해진 답은 없습니다. 자기 생각을 자유롭게 쓰세요.

○ 예전에는 무장 투쟁이나 의열 투쟁으로 자기 뜻을 이루려고 했으나 지금은 많은 사람이 거리로 나와 시위나 행진을 합니다. 자기 뜻을 알리는 방법에 대해서 생각해 봅시다.

1. 일제 강점기 독립운동은 의병, 계몽 운동, 무장 투쟁, 만세 시위운동, 파업과 동맹 휴업, 의열 투쟁 등으로 학생, 농민, 노동자, 여성 등 다양한 계층에서 이루어졌다. 여기에서 의열(義烈)이란 말은 의로울 '의'와 세찰 '열'로, 군대와 자금을 동원할 수 없을 때 개인이나 조직이 희생을 무릅쓰고 인물을 암살하거나, 시설에 폭탄을 던지는 방법 등으로 참여할 수 있는 투쟁 방법이었다. 암살, 파괴 등 방법을 지칭하는 투쟁 방법을 가리킬 때 많이 쓰이지만, 실제는 정의를 지키기 위해 개인이 목숨을 바치거나 희생하는 투쟁 자체를 의열 투쟁이라 한다.

2. 1인 시위는 1인이 피켓이나 현수막, 어깨띠 등을 두르고 혼자 하는 나 홀로 시위를 말한다. 집회나 시위 자유가 보장되어 있으나, 정부 기관 앞에서 항의 시위는 사실상 금지되어 있다. 하지만 집회나 시위는 2인 이상 사람이 목적을 가지고 행동해야 하는 것이므로, 1인 시위는 법 적용을 받지 않아 시위 금지 지역에서도 1인 시위를 할 수 있고, 집회 신고를 하지 않아도 된다. 개인 이익을 위해서기도 하지만, 대부분이 호소할 방법이나 해결할 방법을 찾지 못하거나, 시위 목적을 많이 알리기 위해 하기도 한다.

✂ **생각열기** 자기 뜻을 알리고, 문제를 해결하기 위해서 할 수 있는 방법은 어떤 것이 있나요?

03 일제 강점기 문화

학습 목표

❶ 일장기 말소 사건 내용을 파악할 수 있다.
❷ 일제 강점기 종교 활동을 이해할 수 있다.
❸ 한용운, 이육사, 윤동주, 전형필, 방정환, 권정생에 대해 알 수 있다.
❹ 일제 강점기 다양한 문화 활동이 전개되었음을 알 수 있다.

교과 연계

▲ 나운규

▲ 최승희

▲ 안창남

▲ 박경원

▲ 최용신

탐구1 ● 일장기 말소 사건

1936년 8월 9일, 독일 수도인 베를린에서 열린 제11회 올림픽 마라톤 경기에서 손기정이 2시간 29분 19초 2로 우승했다. 함께 출전했던 남승룡은 3위로 들어왔다. 일제는 손기정과 남승룡이 한국인이기 때문에 대표 선수로 선발하지 않으려 했으나 실력이 워낙 뛰어나 뽑힐 수 있었다.

마라톤은 올림픽 폐막식 직전에 열리는 경기이기 때문에 많은 관중으로부터 환호와 박수를 받았다. 시상식 게양대에는 일장기가 오르고, 일본 국가가 연주되었다. 그러나 시상대에 오른 손기정과 남승룡은 고개만 숙이고 있었다. 남승룡은 손기정이 부러웠던 까닭은 우승이 아니라 일장기를 가릴 수 있는 월계수 화분을 들고 있었기 때문이라고 회고했다.

손기정이 올림픽에서 우승했다는 소식은 외신으로 들어왔고 여러 신문에 크게 보도되었다. 일제 강점이라는 암울한 상황에서 마라톤 세계 제패는 민족 자긍심을 높여주는 큰 사건이었다.

그런데 〈동아일보〉와 〈조선중앙일보〉는 손기정 선수 가슴에 새겨진 일장기를 지운 사진을 신문에 실었다. 특히 〈동아일보〉는 간부들과 상의도 없이 사회부 이길용 기자와 사진부 신낙균 기자가 스스로 판단해 지워버렸다. 이 일을 '일장기 말소 사건'이라고 부른다.

일제는 신문을 찍어내기 직전에 검열을 해서 내용을 자르기도 했기 때문에 그 당시 신문을 보다 보면 칸들이 비어 있는 것도 볼 수 있다. 총독부는 인쇄가 제대로 되지 않은 것으로 보고 검열을 통과시켰다가 고의로 없앤 것을 뒤늦게 알아차렸다.

두 신문사 관련자는 일제에 끌려가 고문을 당하고 구속되기도 했으며, 신문은 무기 정간을 당했다. 〈동아일보〉는 9개월 만에 복간되었으나, 〈조선중앙일보〉는 그대로 폐간되었다. 이 사건은 지식인인 언론인이 일제에 대항한 사건이었다.

손기정은 "그때는 한국인이 스스로 명성을 얻는다는 것은 불가능했으나 문화예술에서는 가능했기 때문에 베를린에서 꼭 1등을 해 '손기정은 한국인'이라는 것을 알리고 싶었다."라고 회상했다. 그러나 일본 국가가 울리는 시상대에 서 있어야 하는 것이 나라를 잃었기 때문이라는 설움에 고개를 숙일 수밖에 없었다. 손기정은 그 뒤로 경기 출전 금지는 물론 어딜 가나 감시를 받아야 했다.

 탐구하기 1936년 베를린 올림픽 마라톤 경기에서 우승을 한 사람은 누구인가요?

탐구 2 — 일제 강점기 종교 활동

일제 강점기에 종교 단체도 다양한 민족 운동과 사회 운동을 전개하며 항일 투쟁에 앞장섰다.

천주교 고아원과 양로원을 세우는 일을 계속 펼치면서 '경향'이라는 잡지를 발간해 민중을 계몽하는 일에 힘썼다. 만주에서 '의민단'을 조직해 무장 항일 투쟁에 나서기도 했다.

개신교 천도교와 함께 3·1 만세 운동을 주도하고 확산시키는 데 큰 역할을 했다. 일제 말기에는 신사 참배 운동을 거부해 지도자 일부가 체포·투옥되기도 했으며, 평양 숭실 학교와 숭의 여학교가 폐교되기도 했다.

천도교 동학에서 이름을 바꾸고 3·1 만세 운동을 주도했으며, '평등'을 중시하는 문화 운동을 벌였다. 그 가운데에 방정환이 이끈 소년 운동도 있었다. 방정환은 나이가 어리고 몸이 덜 자랐다고 해서 차별 받거나 억압을 당해서는 안 되며 행복하게 살 권리가 있다고 주장했다. 아이를 부르는 호칭을 '어린이'로 바꾸어 인격체로 보자고 했다. 또한 어린이를 소중하게 여기고 바르게 키우는 것은 우리 민족을 독립시킬 미래 재목을 양성하는 것이라 했다. 같은 해 5월 1일을 '어린이날'로 선포하고, 이듬해 순수 아동 잡지인 '어린이'를 만들었다. 어린이날은 광복 이후 5월 5일로 변경되었다.

대종교 을사늑약이 체결되자 '오적 암살단'을 조직한 나철과 오기호가 그동안 이어져 오던 민족 신앙을 다시 일으켜 단군을 섬기는 대종교를 만들었다. 민족 종교였기 때문에 일제로부터 심한 탄압을 받았다. 그 때문에 만주로 근거지를 옮겨 학교를 세우고 민족주의 교육 운동을 펼쳤다. 1911년에는 만주에서 항일 무장 단체인 '중광단'을 만들었다. 3·1 만세 운동이 일어나자 중광단은 김좌진이 이끄는 '북로 군정서'로 재편되었다. 극심한 일제 탄압에도 청산리 전투를 비롯한 독립운동을 펼쳤다.

불교 일제가 사찰령과 승려법 등을 제정해 일본 불교에 예속시키려 하자 한용운과 백용성 등은 크게 저항했다. 한용운은 《조선불교유신론》을 통해 불교 개혁을 강조하고 민족 종교 전통을 지키려 했다.

원불교 1916년 박중빈이 창시해 불교 현대화와 생활화를 주장했다. 원불교는 개간 사업과 저축 운동을 통해 자립정신을 키워나갔으며, 남녀평등과 허례허식 폐지 등 생활 개선에도 앞장섰다.

 탐구하기 대종교도가 중심이 되어 조직한 항일 무장 단체는 무엇인가요?

탐구3 ➥ 새로운 분야를 개척한 사람들

새로운 문물이 들어오면서 여러 분야에서 '우리나라 최초'라는 말이 붙는 사람들이 나타났다. 이 사람들은 암울한 일제 강점기에 큰 즐거움과 자긍심을 심어주었다.

나운규 배우이자 영화감독으로, 영화를 통해 일제 강점에 대한 증오와 저항 등 민중 정서를 잘 그려냈다. 그가 만든 영화에는 약자에 대한 동정, 사회에 대한 고발과 풍자가 담겨 있다. 1926년 단성사에서 개봉된 '아리랑'은 각본, 감독, 주인공 역할을 맡아 만든 흑백 무성 영화로 핍박받는 농촌 현실과 고통받는 민중을 생생하게 표현했고, 독립을 염원하는 마음도 잘 담아냈다. 상영되는 극장마다 매진되었고, 2년 동안이나 상영하며 높은 흥행 기록을 세웠다.

최승희 현대 무용가로, 일본에서 서구식 무용을 배운 뒤 우리나라 무용계를 이끌었다. 뛰어난 외모는 물론이고 무당춤이나 승무 같은 전통 소재를 현대 무용으로 소화해 내는 재능 덕분에 큰 사랑을 받았다. 하지만 태평양 전쟁에 나선 일본군 위문 공연을 한 것 때문에 친일파라는 비난에 시달리기도 했다. 1947년 사회주의자인 남편을 따라 월북했다.

안창남 우리나라 최초의 비행사로, 1921년 일본 비행사 시험에 2등으로 합격해 비행사 자격을 얻었다. 비행사로 큰 명성을 얻었으나 중국으로 망명해 독립운동을 하다가 비행 중 사고로 29세에 목숨을 잃었다. "떴다 보아라 안창남 비행기"라는 노래가 크게 유행할 정도로 한국인에게 민족 자긍심을 크게 불어넣어 주었다.

박경원 안창남이 고국 방문 비행을 하는 것을 보고 비행사가 되겠다는 꿈을 품었다. 일본에서 비행사 자격을 얻어 비행사가 되었다. 1933년 도쿄–서울–평양–만주에 이르는 비행을 위해 하네다 공항을 출발했으나 이륙 50분 만에 일본 시즈오카 현에 추락해 사망했다.

최용신 농촌 운동가로, '민중 속으로'라는 '브나로드 운동'을 실천했다. 경기도 반월(안산)에서 샘골학원을 세워 농촌 계몽 운동과 함께 민족 교육을 했다. 주민과 함께 교실을 짓고, 10리 길을 걸어다니며 어린이를 가르쳤으나, 과로로 27세에 사망했다. 심훈은 최용신 이야기를 《상록수》라는 소설로 썼다. 한국여성단체협의회에서는 1964년 용신봉사상을 만들어 최용신을 기리고 있다.

 탐구하기 우리나라 첫 비행사로 독립운동에 나섰던 사람은 누구였나요?

해석 1 ☞ 같고도 다른 한용운과 이육사, 윤동주

한용운과 이육사, 윤동주는 일제 강점기에 민족이 처한 비극을 시로 담아낸 대표 저항 시인이다.

▲ 한용운

💡 **한용운(1879~1944)** 충남 홍성 출신으로, 승려이자 독립운동가이다. 3·1 만세 운동 때 민족 대표 33인 중 한 사람이었으며, 물산 장려 운동, 신간회 창설 같은 활동을 했다. '님은 갔지만 나는 님을 보내지 아니하였습니다.(님의 침묵)', '다른 사람을 복종하려면 당신에게 복종할 수 없는 까닭입니다.(복종)'라며 잃어버린 조국을 님과 당신으로 표현했다.

▲ 이육사

💡 **이육사(1904~1944)** 경북 안동 출신으로, 본명은 이원록이다. 의열단원으로 활동하다 붙잡혀 받은 죄수번호 '264'를 한글로 써서 필명으로 삼았다. '다시 천고(千古)의 뒤에 백마 타고 오는 초인(超人)이 있어 이 광야에서 목 놓아 부르게 하리라.(광야)'며 독립에 대한 강렬한 의지를 표현했다. 또 '이 포도를 따먹으면 두 손을 함뿍 적셔도 좋으련(청포도)'이라며 독립을 위해 희생하겠다는 의지를 드러냈다.

▲ 윤동주

💡 **윤동주(1917~1945)** 만주 용정 출신으로, '죽는 날까지 하늘을 우러러 한 점 부끄럼이 없기를 잎새에 이는 바람에도 나는 괴로워했다.(서시)', '부끄러운 이름을 슬퍼하는 까닭입니다(별헤는 밤)'를 비롯해 암담한 식민지에서 아무것도 할 수 없는 자신을 부끄러워하는 시를 썼다.

한용운과 이육사, 윤동주는 우리 민족이 언젠가는 해방이 될 것이라는 신념을 담아 일제에 저항한 시를 썼다는 공통점이 있지만, 시 세계는 크게 차이가 난다. 한용운은 독립에 대한 열망을 '헤어질 때 다시 만날 것을 믿는다.'는 불교 사상에 담아 표현했고, 이육사는 형제가 모두 독립운동에 나설 정도로 항일 의식이 강한 집안에서 성장했기 때문에 강렬한 의지와 기상을 담은 시를 썼다. 윤동주는 기독교 집안에서 성장해 참회와 용서라는 신앙을 부끄러움이라는 말로 시에 표현했다.

이렇게 독립에 대한 믿음과 저항을 시로 쓴 한용운과 이육사, 윤동주로 인해 수많은 친일 문학 속에서도 우리 문학은 꽃필 수 있었다.

 해석하기 한용운과 이육사, 윤동주가 일제에 저항하는 시를 쓴 까닭은 무엇인가요?

해석 2 ─ 전형필은 왜 문화재 수집에 전 재산을 바쳤나?

간송 전형필(1906~1962)은 장사로 막대한 재산을 모은 집안에서 태어나 휘문고등보통학교를 거쳐 일본 와세다대학 법과를 졸업했다. 졸업 후에 민족 대표 33인 가운데 한 명이자 서예가로도 유명한 오세창으로부터 영향을 받아 우리 문화재에 대한 소중함을 깨달았다.

전형필은 일제 식민지 통치로 점차 사라져 가는 민족정신을 지키는 것도 독립운동이라고 생각했다. 그는 일제가 우리 민족 문화유산을 대대적으로 약탈하고 파괴하자 이를 막기 위해 일본인 세력가들과 경쟁하며 우리 문화재를 사들이는 데 전 재산을 쏟아 부었다. 우리나라 문화재가 일본으로 유출되는 것을 막고 한곳에 모아 보호해야 한다고 주장하며 이를 실천했다. 오래된 글과 그림에 대한 안목이 뛰어난 오세창이 큰 도움을 주었다. 전형필은 일본으로 넘어간 문화재를 사기 위해 일본에도 여러 차례 다녀오면서 서화와 옛 서적, 도자기, 불상, 석탑 등을 수집했다.

▲ 《훈민정음 해례본》 국보 제70호　　▲ 청화백자철사진사국화무늬병(국보 제294호)

일제가 민족 말살 정책을 펼치는 상황에서도 한글 창제 원리와 사용법을 담은 《훈민정음 해례본》을 구입했다. 당시 기와집 한 채 값이 천 원이던 때에 만원을 주고 구입해 몰래 숨겨 오다가 해방이 된 후 조선어 학회를 통해 공개했다. 이 해례본에는 정인지가 작성한 서문에 발간일(1446년 9월 10일)이 쓰여 있었고, 이를 양력으로 계산해 10월 9일이 한글날로 제정되었다. 또 '청화백자철사진사국화무늬병'은 경매에서 일본 골동품 상인과 치열한 경쟁 끝에 1만 4580원에 낙찰 받았다. 그 외에도 국보인 '청자상감구름학무늬매병'과 '혜원 풍속도' 등을 포함해 문화재 5천여 점을 수집했다.

1938년에는 서울 성북동에 '보물이 가득한 집'이라는 뜻인 '보화각'을 세워 우리나라 최초로 사립 박물관을 열었다. 이것이 현재 '간송미술관'이다.

해석하기　전형필이 전 재산을 바쳐 문화재를 수집한 까닭은 무엇인가요?

역사 토론

 📍 저항시가 독립 의지를 높이는 데에 도움이 되었을까?

토론 내용 저항시에는 일제에 대한 저항 의식과 조국에 대한 사랑이 담겨 있다. 한용운, 이육사, 윤동주를 비롯해 이상화가 쓴 '빼앗긴 들에도 봄은 오는가'나 심훈이 쓴 '그날이 오면' 같은 저항시가 그때 사람들에게 독립 의지를 높이는 데에 도움이 되었을까?

 토론 1. 도움이 안 되었다.

'저항시'라고 부르는 것도 시를 쓴 때가 아니라 한참 시간이 지난 뒤에 붙인 이름이다. 당시에는 글을 읽지 못하는 사람도 많았기 때문에 별로 도움이 되지 못했을 것이다.

토론 2. 아니다. 도움이 되었다.

'지금은 남의 땅, 빼앗긴 들에도 봄은 오는가'나 '그날이 오면, 그날이 오면은 삼각산이 일어나 더덩실 춤이라도 추고, 한강물이 뒤집혀 용솟음칠 그날이'처럼 저항시에는 식민지라는 현실에 대한 울분과 독립을 바라는 마음이 잘 담겨 있다. 이 시를 읽은 사람은 독립 의지를 더욱 크게 품었을 것이다.

 토론 3. 그래도 도움이 안 되었다.

저항시에 독립 의지를 담았다고는 하지만, 읽은 사람이 많지 않았기 때문에 별 도움이 안 되었다. 윤동주 시집인 《하늘과 바람과 별과 시》도 일제 감시 때문에 출간하지 못하고 3부를 손으로 써서 윤동주 본인과 후배, 스승님이 1부씩 나눠 가졌다. 윤동주가 죽고 난 뒤인 1947년 처음으로 〈경향신문〉에 윤동주가 남긴 시가 소개되었고, 1948년에야 시집으로 출간되었다. 그러므로 당시 사람들은 이 시를 몰랐다.

 토론 4. 아무리 그래도 도움이 되었다.

깨어 있는 사람이면 저항시를 통해서 독립운동에 참여하려는 의지를 갖게 되었을 것이다. 독립을 바라는 사람에게 읽으라고도 했을 것이고 글을 모르는 사람에게는 읽어주기도 했을 것이다. 그러므로 저항시는 독립 의지를 다지는 데에 도움이 되었을 것이다.

토론하기 저항시가 사람들이 독립 의지를 높이는 데에 도움이 되었을까요? 자기 생각을 밝히고, 그 까닭을 쓰세요.

역사 에 비추어 보는 오늘

학습 내용 | 정해진 답은 없습니다. 자기 생각을 자유롭게 쓰세요.

○ 방정환 선생님은 어린이들이 나라를 이끌어 갈 희망이라 여겨 '어린이날'을 만들었고, '어린이를 두고가니 잘 부탁하오.'라는 유언을 남겼습니다. 권정생 선생님은 인세를 북한 어린이와 아시아, 아프리카에 굶주린 어린이들을 위해 써달라고 유언으로 남겼습니다. 두 선생님이 남긴 유언에 대해 생각해 봅시다.

북한 어린이에게 인세를 주고 떠난 권정생(1937~2007)

권정생 선생님은 일제 강점기 도쿄 빈민가에서 가난한 노동자 아들로 태어났다. 광복이 되고 나서 국내로 돌아와 돈을 벌기 위해 재봉틀상회 점원, 나무 장수, 고구마 장수 등을 하며 객지를 떠돌았다.

떠돌이 생활을 하다가 1957년부터 경상북도 안동 일직면 조탑리에서 살게 되었다. 22세 때에 지병인 결핵을 얻었고, 45세까지 마을 교회 종지기로 살았다. 1969년에 발표한 《강아지 똥》이 아동문학상을 받으면서 동화작가로서 삶을 시작했다. 예수 그리스도에 대한 믿음을 바탕으로 자연과 생명, 어린이, 이웃 그리고 무고하게 고난 받는 이들에 대한 사랑을 작품으로 남겼다. 《몽실언니》는 어린이뿐 아니라 어른들에게도 널리 읽혀졌고, 텔레비전 드라마로도 만들어졌다. 베스트셀러 작가로 인세 수입도 많았지만, 직접 지은 5평짜리 오두막집에서 검소한 삶을 살았다. 그를 찾아오는 사람들이 동화를 써서 생기는 수입으로 집을 짓고 편하게 사시라고 하면 "그렇게 살아서 뭐하게요?"라고 도리어 되물어서 말한 사람을 머쓱하게 했다. 2007년 5월 17일 지병이 악화되어 대구 가톨릭대학교 병원에서 돌아가시는 날까지 조탑리 오두막집에서 살았다.

권정생 선생님은 '인세는 어린이로 인해 생긴 것이니 그들에게 돌려줘야 한다. 굶주린 북녘 어린이들을 위해 쓰고 여력이 되면 아시아와 아프리카에서 굶주린 아이들을 위해서도 써 달라. 남북한이 서로 미워하고 싸우지 말고 통일을 이뤄 잘 살 수 있도록 기도 많이 해 달라.'는 유서를 남겼다.

생각열기 권정생 선생님은 왜 인세를 북한 어린이와 아시아, 아프리카에서 굶주린 어린이를 위해 써달라고 하셨을까요?

04 민족 말살 정책

학습 목표

❶ 민족 말살 정책을 파악할 수 있다.
❷ 한국광복군이 창설된 배경을 이해할 수 있다.
❸ 일제가 만든 국가총동원법을 파악할 수 있다.
❹ 침략 전쟁에 협력했던 사람들을 설명할 수 있다.

마쓰이 히데오 !
그대는 우리의 오장(伍長) 우리의 자랑.
그대는 조선 경기도 개성 사람
인씨(印氏)의 둘째 아들 스물한 살 먹은 사내

마쓰이 히데오 !
그대는 우리의 가미가제 특별공격대원
귀국대원
잘하도다
우리의 육군항공 오장 마쓰이 히데오여
너로 하여 향기로운 삼천리의 산천이여
한결 더 짙푸르른 우리의 하늘이여
　　　　　 - 서정주, 〈오장 마쓰이 송가〉 중에서

▲ 조선어 학회 회원

▲ 강제로 끌려간 일본군 '위안부'

탐구 1 ⟶ 민족 말살 정책

1930년대 전 세계를 휩쓸었던 경제 대공황으로 일본도 어려움을 겪었다. 일제는 전쟁을 통해 군수 공업을 육성하고 식민지를 수탈하는 방법으로 경제 위기를 벗어나려고 했다. 1931년 만주 사변에 이어, 1937년 중국 본토를 침략해 중·일 전쟁을 일으켰으며, 1941년 미국 하와이에 있는 진주만을 공격해 태평양 전쟁을 일으켰다.

▲ 내선일체를 선전하는 엽서

침략 전쟁이 점점 확대되자, 일제는 본토에서 보내는 군수 물자만으로는 전쟁을 하기 어려워졌다. 그래서 우리나라를 전쟁에 필요한 인력이나 물자를 공급하는 병참 기지로 삼고, 침략 전쟁에 동원하기 위해 우리 민족의식을 없애 일본인으로 만드는 민족 말살 정책을 실시했다.

우선 한국인은 일본 천황 백성이라는 '황국 신민화 정책'을 추진했다. 한국인과 일본인 조상이 같다는 '일선동조론(日鮮同祖論)'과 일본 본토를 지칭하는 '내지(內地)'의 '내(內)'자와 '조선(朝鮮)'의 '선(鮮)'을 따서 내지인(일본인)과 선인(조선인)은 한 몸이라는 '내선일체(內鮮一體)' 같은 주장을 내세웠다. 학교와 관공서에서 하는 행사에서는 "저희는 대일본 제국의 신민입니다. 마음을 다해 천황 폐하께 충의를 다하겠습니다."라는 황국 신민 서사를 낭독하게 했다. 그리고 매일 아침 일왕이 사는 도쿄를 향해 고개를 숙여 절을 하는 '궁성 요배'를 하게 했다. 또 일본 왕실 조상신이나 국가 유공자 위패를 모아 둔 신사를 세운 후 참배하게 했다. 신사 참배를 거부하는 사람은 처벌했고, 학교인 경우 폐교시켰다. 신사 참배 거부로 감옥에 간 사람은 대략 2,000여 명에 이르렀다.

또 1941년 소학교를 황국 신민 학교란 의미로 국민 학교로 바꿨다. 우리말 사용을 금지시켰으며, 학생들에게 서로 감시하게 해 우리말을 쓰다가 들키면 벌을 주었다. 한글로 발행된 신문도 모두 폐간시켰고, 우리말과 역사에 대한 연구도 금지시켰다. 또 성과 이름을 일본식으로 바꾸는 창씨개명을 강요했다. 창씨개명을 하지 않은 아이는 학교에 들어가지 못했고, 어른은 취직을 할 수 없었다. 기차표도 살 수 없었으며, 식량 배급도 받지 못했다.

이러한 민족 말살 정책은 우리나라 사람들을 일본 사람으로 생각하도록 세뇌시켰다. 그래서 전쟁에 강제로 끌려가는 것이 아니라 일본 국민으로서 나라를 지키는 행동으로 생각하게 만들었다.

> 🔍 **탐구하기** 민족 말살 정책 가운데 성과 이름을 일본식으로 바꾸는 것을 무엇이라고 하나요?

탐구 2 ─ 모든 것을 빼앗아라, 국가총동원법

침략 전쟁이 길어지면서 노동자뿐만 아니라 전쟁에 참여할 군인도 부족했고 군인에게 먹일 식량도 부족했다. 그래서 일제는 1938년 전쟁을 위해서는 식민지인 우리나라 사람과 물자를 마음대로 동원할 수 있다는 '국가총동원법'을 발표했다. 이 법을 근거로 집집마다 목표량을 정해 '공출'이라는 명목으로 쌀을 빼앗고 우리나라 사람은 식량을 배급받았다. 또 군수 물자 조달이 갈수록 어려워지면서 구리와 고철 같은 금속도 강제로 공출했다. 금비녀, 농기구, 놋그릇, 수저는 물론이고 교회와 사찰 종까지 떼어 총, 대포, 전투기 등 전쟁에 필요한 무기로 만들었다.

국가총동원법은 징용과 징병, 군 위안부 세 가지 형태로 사람도 수탈했다. 첫째, 1939년 '국민 징용령'을 발표해 비행장, 광산, 군수 공장 등에서 밤낮으로 일을 시켰다. 열악한 환경이라 일하는 도중에 목숨을 잃는 경우가 많았고, 공사가 끝난 뒤 몰살당하기도 했다. 여성도 남성이 전쟁에 동원되자 부족해진 노동력을 보완하기 위해 1944년 '여자 정신대 근무령'을 만들어 동원했다. 12세에서 40세까지 배우자가 없는 여성 수십만 명을 강제로 끌고 가 일본과 한국 내 군수 공장에서 일을 시켰다. 일본 정부가 공개한 〈조선총독부통계연보〉에 따르면, 강제 징용된 한국인은 782만 7355명이다. 당시 한국인 전체 인구가 2,630만여 명이니 약 30%가 강제 징용 대상이었던 것이다.

둘째, 1938년부터 지원병 제도를 실시해 한국 청년 1만 8천여 명을 동원했다. 1943년에는 '학도 지원병제'를 실시해 대학생 4천여 명을 전쟁터에 끌고 갔다. 이듬해에는 20세 이상 남성이면 누구든지 강제로 병사로 끌고 갈 수 있는 '징병제'를 실시해 한국 청년 20만 명을 전쟁 한복판으로 몰아넣었다.

셋째, 일제는 만주 사변 때부터 군 위안소를 만들었는데 한국을 비롯한 중국, 동남아시아 등지 여성을 일본군 '위안부'로 삼았다. '공장에 취직시켜 주겠다, 많은 돈을 벌 수 있다.'고 속이거나 납치해 강제로 전쟁터에 끌고 가 성 노예 생활을 시켰다. 전쟁이 끝난 뒤 일제는 자신들이 저지른 짓이 알려질까 두려워 여성들을 산채로 땅에 묻거나 자살을 강요했다. 살아남은 일본군 '위안부'도 대부분 전쟁 중 입은 상처로 고통스런 삶을 살았다.

> 제 인생은 열여섯 꽃다운 나이에 끝났습니다.
> 하늘을 바로 보지 못할 부끄러운 인생이었지마는
> 지금도 이렇게 시퍼렇게 살아 있는 것은
> 피맺힌 한을 풀지 못해서입니다.
> 우리가 강요에 못 이겨 했던 그 일을
> 역사에 남겨 두어야 합니다.
> - 김학순 할머니의 증언

 탐구하기 일제가 우리나라 사람과 물자를 마음대로 수탈하기 위해 만든 법은 무엇인가요?

탐구3 - 침략 전쟁에 앞장선 친일파

우리나라 사람에게 존경 받았던 문인이나 교육자 가운데 친일 활동에 앞장서는 사람이 많이 생겼다. 이들은 침략 전쟁 예찬, 학도병 지원 권유, 징병제 찬양 등을 하며 일제에 적극 협조했다. 노천명, 모윤숙, 서정주, 김활란 등이 대표적이다.

> 남아면 군복에 총을 메고
> 나라 위해 전장에 나감이 소원이리니
> 이 영광의 날
> 나도 사나이였드면, 나도 사나이였드면
> 귀한 부르심 입는 것을
>
> - 노천명, 〈님의 부르심을 받들고서〉 중에서

일제는 징병제를 실시하고 이를 특별히 기념하는 주간을 정했다. 기념 주간 동안 김동환, 노천명 등 7명 시인들은 〈님의 부르심을 받들고서〉라는 제목으로 매일신보에 친일시를 돌아가며 발표했다. 시인 모윤숙도 〈어린날개 히로오카 소년 항공병에게〉라는 시를 통해 젊은이를 전쟁터로 내몰았다.

서정주도 매일신보에 〈오장 마쓰이 송가〉라는 시를 썼다. 육군 항공 오장 '마쓰이 히데오'는 인재웅이라는 한국 청년으로 한국인 최초 가미카제 전사자였다. 가미카제는 폭탄이 장착된 비행기를 몰고 자살 공격을 한 일본군 특공대를 일컫는다. 전사 소식이 알려지자 친일 잡지들은 그를 '군신(軍神)'으로 추앙하며 선전하는 데 열을 올렸다.

일제는 태평양 전쟁 이후 각종 친일 단체를 결성하면서 여성 명사를 본격적으로 이용하기 시작했다. 우리나라 최초 여성 박사인 김활란은 일제가 만든 온갖 단체에 가입해 신문, 방송, 강연을 통해 우리 젊은이들을 전쟁터로 내보내는 데 앞장섰다. 작위를 받은 귀족 부인들은 침략 전쟁을 지원하기 위해 금비녀와 금가락지를 뽑아 바치자고 조직한 '애국금채회' 간사로 활동하기도 했다.

> "이제야 기다리고 기다리던 징병제라는 커다란 감격이 왔다 ……. 지금까지 우리는 나라를 위해서 귀한 아들을 즐겁게 전장으로 내보내는 내지의 어머니들을 물끄러미 바라만 보고 있었다 ……. 그러나 반도여심 자신들이 그 어머니, 그 아내가 된 것이다 ……. 이제 우리도 국민으로서의 최대 책임을 다할 기회가 왔고, 그 책임을 다함으로써 진정한 황국 신민으로서의 영광을 누리게 된 것이다. 생각하면 얼마나 황송한 일인지 알 수 없다."
>
> - 김활란, 1942년 12월 '신시대' 제2권 제12호 징병제와 반도여성의 각오

 탐구하기　일제 침략 전쟁에 적극적으로 협력했던 사람들은 누구인가요?

탐구4 한국광복군

▲ 한국광복군 결성식 후 기념촬영

대한민국 임시 정부는 중국에 흩어져 있던 독립군 부대를 모아 1940년 9월 17일, 중국 충칭에서 한국광복군을 창설했다. 지청천을 총사령관으로, 이범석을 참모장으로 임명했다. 주로 외교나 선전, 의거 활동만 벌였던 임시 정부가 정식 군대를 갖게 된 것이다. 김구는 〈광복군 선언문〉을 통해, "광복군은 한·중 두 나라 독립을 회복하고자 공동의 적인 일본 제국주의를 타도하며 연합군 일원으로 항전할 것을 목적으로 한다."고 발표하며 광복군 창설 취지를 알렸다.

임시 정부가 군대를 만들었다는 소식을 듣고 중국 각지에 있던 동포와 일본 군대에 강제로 끌려갔던 청년들이 탈출해 한국광복군으로 들어왔다. 김원봉이 이끄는 조선 의용대 일부 군인도 한국광복군에 참여해 규모는 더욱 커졌다. 하지만 당시 대한민국 임시 정부는 중국 정부 지원을 받고 있었기 때문에 한국광복군도 처음에는 중국군 지휘를 받아야 했다.

일본이 태평양 전쟁을 일으키자, 임시 정부는 일본에 선전포고를 했다. 전 세계에 대한민국 정부가 존재한다는 사실과 자주독립 의지를 알리며, 연합군 일원으로 참전하겠다는 뜻을 밝힌 것이다. 한국광복군은 중국군과 연합해 일본과 전투를 벌이기도 했고, 영국군과 함께 인도, 미얀마 전선에 투입되기도 했다. 한국인이 일본어를 잘하기 때문에 포로 심문, 암호 번역, 전단 작성 같은 활동에도 참여했다.

한국광복군 규모는 창설 당시에는 수십여 명에 불과했으나 이후 젊은이들이 꾸준히 입대하면서 1945년에는 7백여 명으로 늘어났고 독자적인 지휘권도 갖게 되었다.

임시 정부는 광복군을 국내에 투입시켜 일본군을 몰아낼 계획을 세웠다. 8월 20일 안으로 미군 특수부대와 함께 특공대를 조직해, 낙하산이나 잠수정 등을 통해 한반도에 침투시킨다는 계획이었다. 하지만 일제가 1945년 8월 15일, 무조건 항복을 선언하는 바람에 '국내 진공 작전'은 계획대로 이루어지지 못했다. 한국광복군은 임시 정부와 함께 우리나라로 들어오려 했으나 미군정이 한반도 내에 어떤 정부나 군대도 인정하지 않겠다고 발표해 1946년 군대가 아닌 개인 자격으로 입국했다.

 탐구하기 　한국광복군이 국내에 들어가 일본군을 몰아낼 계획을 세운 작전은 무엇인가요?

해석 ● 일제에 맞서 한글을 어떻게 지켜냈을까?

우리나라 말로 된 신문과 잡지를 폐지하고 창씨개명을 강요하는 등 일제는 우리나라 말과 글을 없애려고 했다. 그러나 우리말과 우리글을 쓰지 않으면, 우리 민족은 없어진다는 생각에 한글 학자들은 우리말 사전을 만들어 한글을 지키려고 했다. 이를 위해 주시경 제자들이 만든 '조선어 연구회'를 중심으로 1929년 사회 각 부문 인사 108명이 모여 '조선어 사전 편찬회'를 만들었다. 그러나 사전 편찬을 위해서는 한글 철자법 정리와 표준말이 정해져 있어야 했다. 그 문제를 해결한 것이 조선어 연구회를 계승한 조선어 학회였다. 최현배, 이극로 등이 중심이 된 조선어 학회는 사전을 만드는 데 기초 자료가 될 한글 맞춤법 통일안과 조선어 표준말 모음, 외래어 표기법 통일안을 발표했다.

▲ 〈조선말 큰 사전〉 초고 원고

맞춤법과 표기법을 정비한 조선어 학회는 우리나라 사람이 사용하는 모든 말을 모으는 '말모이 작전'을 시작했다. 말모이 작업은 학자뿐만 아니라 온 국민이 동참했다. 14개 학교 초중학생 5백여 명을 비롯해 남녀노소, 각계각층이 참여해 자신이 하는 말을 꼼꼼히 적어 조선어 학회로 보냈다. 국민들 도움으로 사전이 거의 완성 단계에 이르러 출간을 앞두게 되었다. 그러나 '조선어 학회 사건'이 일어나면서 사전 편찬 작업은 중단되었다.

조선어 학회 사건은 1942년 함흥 영생고등여학교 학생 박영옥이 기차 안에서 친구와 한국말을 쓰다가 경찰관에게 붙잡혀 조사를 받으면서 시작되었다. 박영옥 일기장에는 일본어를 사용했다가 정태진 선생님에게 혼났다는 글도 있었다. 정태진이 조선어 학회 회원인 사실을 알게 된 일본 경찰은 일을 꾸미기 시작했다. 민족 말살 정책을 추진하던 일제에게 조선어 학회는 늘 감시 대상이었기 때문이다. 일본 재판부는 "조선어 사전 편찬은 조선 민족정신을 유지하는 민족 운동"이라며 검거된 회원 33명 가운데 16명을 독립운동 혐의로 구속했다. 그동안 진행해 온 '조선말 큰 사전 원고'는 증거물로 압수되었고 조선어 학회는 강제로 해산되었다. 이윤재와 한징은 가혹한 고문으로 옥중에서 사망했다.

광복 후 풀려나온 조선어 학회 회원들은 원고를 찾아 헤맸으나 찾지 못했다. 하지만 그해 9월 우연히 서울역 창고에서 압수되었던 원고 2만 6천여 장이 발견됐다. 조선어 학회 회원들은 이를 토대로 사전을 만들었고, 1947년 한글날을 맞아 《조선말 큰 사전》 제1권이 세상에 나왔다.

> **해석하기** 조선어 학회 회원과 국민이 우리말과 우리글을 지키려 한 까닭은 무엇인가요?

역사 토론

국군의 날을 한국광복군 창설일로 바꿔야 할까?

[토론 내용] 6·25 전쟁 중이었던 1950년 10월 1일은 대한민국 육군 제 3사단이 38도선을 처음 돌파해서 북진에 성공한 날이다. 그 날을 기리기 위해 1956년부터 10월 1일을 국군의 날로 제정해서 현재까지 계속되고 있다. 그러나 한국광복군이 창설된 9월 17일로 국군의 날을 바꿔야 한다는 주장도 끊이지 않고 있다.

토론 1. 바꿔서는 안 된다.

광복군 창설일도, 38도선 회복날도 모두 의미가 있다. 그러므로 지금처럼 각각 기념일을 가지면 된다. 지금까지 기념해온 국군의 날을 굳이 한국광복군 창설일로 바꾸면 혼란만 불러올 수 있다.

토론 2. 아니다. 바꿔야 한다.

대한민국은 헌법에 명시된 것처럼 상하이 임시 정부부터 시작되었기 때문에 임시 정부 정식 군대였던 한국광복군이 우리 국군 뿌리다. 그러므로 한국광복군이 창설된 9월 17일로 국군의 날을 정해야 대한민국과 국군에 대한 정통성을 지키는 것이며, 역사를 바로 세우는 것이다.

토론 3. 그래도 바꿔서는 안 된다.

국군이 광복군을 계승한 게 맞지만 그런 국군에게 가장 기념할만한 날이 38도선 돌파이다. 38도선을 회복했기 때문에 대한민국을 지켜낼 수 있었다. 그러므로 이 날을 기념하는 것이 맞다.

토론 4. 아무리 그래도 바꿔야 한다.

10월 1일은 38도선을 넘었다는 의미로 결정된 것이라 남과 북을 적대적인 관계로만 본다면 의미가 있다. 하지만 남과 북이 통일이 되면 38도선 돌파를 기념한 10월 1일은 적절하지 않다.

토론하기 국군의 날을 광복군 창설일로 바꿔야 할까요? 자기 생각을 밝히고, 그 까닭을 쓰세요.

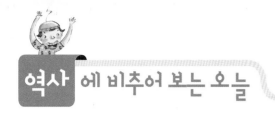

학습 내용 | 정해진 답은 없습니다. 자기 생각을 자유롭게 쓰세요.

◐ 일본군 '위안부' 문제 해결을 촉구하는 의미에서 세운 '평화의 소녀상'에 대해 생각해 봅시다.

'평화의 소녀상'에 담긴 의미들을 아시나요?

'평화의 소녀상'은 일본군 '위안부' 문제 해결을 위한 수요 집회 1,000회를 맞아 2011년 서울시 종로구 일본대사관 앞에 세워졌습니다. 한국정신대문제대책협의회(정대협)가 중심이 되어 시민 모금으로 일본군 '위안부' 문제 해결을 촉구하는 의미에서 만들어진 동상입니다. 소녀상은 치마저고리를 입고 짧은 단발머리를 한 채 의자에 앉아 일본대사관을 응시하고 있습니다. 일본군 '위안부' 할머니들이 일본군에 끌려갔던 14세에서 16세 모습을 하고 있습니다.

소녀상은 단순히 동상이 아니라 여러 가지 의미를 담고 있습니다. 소녀상 옆에는 빈 의자 하나가 놓여 있습니다. 빈 의자는 이미 돌아가신 일본군 '위안부' 할머니를 의미합니다. 이곳을 찾는 사람들이 나란히 앉아, 당시 어린 소녀였던 할머니들 심정을 헤아려보면서 일본군 '위안부' 문제를 되새겨볼 수 있는 공간이기도 합니다. 소녀상 왼쪽 어깨 위에 앉은 새는 명예를 회복하지 못하고 먼저 떠난 할머니들이 마음만은 남아서 우리 모두와 영원히 연결되고 있음을 표현한 것입니다. 소녀상 뒤로 보이는 그림자는 소녀가 아니라 구부정한 할머니 모습입니다. 그림자마저 조각조각 깨진 모습인데 할머니들 상처를 뜻합니다. 그림자 심장 부분에 새겨진 나비는 환생을 의미하는 것으로 사무친 한을 풀지 못한 채 세상을 떠난 할머니들이 더 좋은 세상에서 다시 태어나기를 바라는 마음을 담았다고 합니다. 소녀 발은 맨발이고 뒤꿈치는 살짝 들려져 있습니다. 전쟁이 끝난 후에 우리나라에 돌아와서도 마음 편할 날이 없이 못할 짓을 한 죄인처럼 평생 살아야 했던 할머니들 삶을 표현했다고 합니다.

✂ **생각열기** 　전국에는 많은 소녀상이 있습니다(2019년 9월 기준 130곳). 소녀상은 다양한 모습으로 다양한 장소에서 메시지를 전하고 있습니다. 집 근처에 있는 소녀상을 찾아가 어떤 의미로 만들어졌는지 살펴보고, 소녀상에게 어떤 이야기를 들려주고 싶은지 자유롭게 써 보세요.

8·15 광복과 신탁 통치

역사 연대기

1945년 | 8·15 광복

조선 건국 준비 위원회를 발족함

조선 인민 공화국을 선포함

모스크바 삼국 외상 회의를 개최함

학습 목표

❶ 독립 과정과 광복의 의미를 생각할 수 있다.

❷ 미국과 소련이 한반도를 분할 통치한 의도를 파악할 수 있다.

❸ 모스크바 삼국 외상 회의와 신탁 통치를 설명할 수 있다.

❹ 반탁 운동이 일어난 까닭을 이해할 수 있다.

교과 연계

▲ 광복을 기뻐하는 시민들(마포 형무소)

▲ 광복의 기쁨

탐구 1 ☞ 8·15 광복과 조선 건국 준비 위원회

1943년 연합군은 카이로 회담을 통해 일제 식민지인 한국에 대한 독립을 논의했다. 한국을 '적당한 시기(in due course)'에 라는 조건을 달고 독립시킨다는 것을 처음 약속했고, 1945년 7월 열린 포츠담 회담에서 재확인했다. 미국, 영국, 중국, 소련 대표는 포츠담 선언으로 일본에게 항복을 권고했으나, 일본은 이를 거부했다. 그러자 미국을 중심으로 한 연합군은 8월 6일 히로시마, 8월 9일 나가사키에 원자폭탄을 투하했다. 폭탄 이름은 '꼬마(리틀보이, little boy)'와 '뚱보 아저씨(팻 맨, fat man)'였다. 원자폭탄은 두 도시를 초토화 시키고 20여 만 명에 이르는 목숨을 앗아갔다.

일왕 히로히토는 1945년 8월 15일 라디오 연설을 통해 연합군이 제안한 포츠담 선언을 받아들인다는 '종전 조서'를 발표했다. 무조건 항복한다는 뜻이었다. 그러나 '종전 조서'에는 항복이라는 말은 없었고, "침략 전쟁은 일본을 스스로 지키고 동아시아 안정을 위한 것일 뿐, 다른 나라 주권을 빼앗고 영토를 침범할 목적은 없었다."고만 했다.

전국 곳곳에서 광복을 맞이하게 된 것을 기뻐하며 시민들은 거리로 쏟아져 나왔다. 반면 일제가 항복하기 전에 이미 일본이 패전할 것을 예상하고 독립 국가를 세우려고 준비한 여러 단체가 있었다. 국내에서는 조선 건국 동맹, 중국 옌안에서는 조선 독립 동맹, 충칭에서는 대한민국 임시 정부가 어떤 방식으로 나라를 세울 것인지 준비하고 있었다.

1945년 8월 15일, 해방과 동시에 조선 건국 동맹을 이끈 여운형은 민족주의 세력과 사회주의 세력을 모아 조선 건국 준비 위원회를 꾸렸다. 조선 건국 준비 위원회는 전국에 지부를 두고 치안과 행정을 맡아 사회 혼란을 막고 나라를 안정시켰다. 8월 말에는 전국에 지부 145개를 세웠다. 그러나 민족주의 세력과 사회주의 세력 사이에 다툼이 심해져 민족주의 세력이 이탈한 데다 미군이 들어온다는 얘기가 전해지자, 9월 6일 전국 인민 대표자 회의를 열어 건국 준비

▲ 여운형

위원회를 해체하고 조선 인민 공화국을 수립했다. 하지만 남한에 들어온 미군이 38도선 이남에는 미군정만이 공식적인 정부라고 선언한 뒤 조선 인민 공화국을 인정하지 않자 해체되었다.

> 🔍 **탐구하기** 해방과 동시에 조선 건국 동맹을 중심으로 민족주의 세력과 사회주의 세력을 모아 건국 준비 위원회를 꾸린 사람은 누구인가요?

탐구 2 ➠ 모스크바 삼국 외상 회의와 신탁 통치

　제2차 세계 대전에서 연합군을 주도한 미국 루스벨트 대통령은 한국이 해방되어도 스스로 정부를 만들어 갈 능력이 부족하니 일정 기간 동안 맡아서 다스리는 신탁 통치를 받아야 한다고 주장했다. 1945년 2월 8일 미국, 영국, 소련 3국이 모인 얄타 회담에서 루스벨트는 30년 정도 신탁 통치가 필요하다고 했고, 소련 스탈린은 가능한 빠른 시일 내에 독립시키는 것이 좋겠다며 반대했다. 결국 미국과 소련은 5년 이내로 하자고 타협했다. 1945년 12월 16일에서 26일까지 미국, 영국, 소련 세 나라 외무장관이 소련 모스크바에 모여 제2차 세계 대전이 끝난 뒤 처리해야 할 문제에 대한 회의를 열었다. 이를 모스크바 삼국 외상 회의(모스크바 3상 회의)라고 한다. 한국 문제에 대해서는 미국, 영국, 중국, 소련 4개국 대표에 의한 신탁 통치를 하자는 미국 제안과 임시 정부 수립을 먼저 하자는 소련 제안이 논의되었다. 회의가 끝나고 협정문이 발표되었다.

　1. 한국을 독립 국가로 다시 세우며, 민주주의 원칙 아래 독립 국가를 세우기 위한 한국 임시 민주주의 정부를 수립한다.
　2. 한국 임시 정부 구성을 돕기 위한 미소 공동 위원회를 설치한다.
　3. 최고 5년간 미국, 영국, 중국, 소련 4개국이 신탁 통치를 실시하되, 임시 정부와 협의한다.

▲ 동아일보 신탁 통치 오보 사건

　'임시 정부를 수립해 나라를 세울 동안 신탁 통치를 한다.'는 모스크바 삼국 외상 회의 결정을 〈동아일보〉는 왜곡해 보도했다. 신탁 통치 실시는 미국 의견이었고, 임시 정부 수립은 소련 의견이었으나 〈동아일보〉는 소련이 신탁 통치를 주장해 우리나라 독립을 가로막는다고 보도했다. 남북을 통합한 임시 정부 수립은 사라지고 소련이 한반도를 차지하려고 신탁 통치를 한다는 내용만 부각되었다. 그러자 민족주의 세력은 신탁 통치에 반대하는 운동을 전개했고, 사회주의 세력은 신탁 통치에 찬성하는 운동을 전개했다. 신탁 통치 실시를 둘러싼 대립이 치열해지면서 나라는 더욱 혼란스러워졌다.

▲ 신탁 통치 반대 운동

 우리나라에 대한 신탁 통치가 결정된 국제회의는 무엇인가요?

탐구 3 ➡ 노동자, 농민이 목소리를 내다

1945년 해방 뒤 공장에서는 노동조합이 만들어졌고, 11월 5일에는 조선 노동조합 전국 평의회가 생겼다. 전국에 1,194개 분회를 두었고 회원은 50만 명에 이르렀다. 농촌에서는 농민조합이 만들어져 12월 8일에 전국 농민조합 총연맹이 세워졌다. 전국 회원은 330만 명에 이르렀다. 조선 부녀 동맹, 조선 청년 총동맹, 협동조합 전국 연합회 같은 조직이 계속 생겼다.

1946년 5월, 대구에서 콜레라가 발생하여 시민 1천 2백여 명이 죽었다. 6월에는 홍수가 나서 농사를 망친 것은 물론이고 길이 끊어져 구호품이 들어오지 못하자 굶어죽는 사람이 점점 늘어났다. 9월에는 1년 전 140원 하던 쌀 한가마니가 500원으로 뛰었다. 하지만 미군정은 대책을 세우지 않고 수수방관했다. 식량난과 대규모 실업 사태로 일자리를 잃은 사람들이 물가마저 치솟게 되자 불만에 가득 찼다.

1946년 미군정청은 운수부 운영에서 손해가 나는 것을 메우고 직원을 편하게 관리한다며 노동자를 25%나 줄였다. 그리고는 매달 품삯을 지급하는 월급제를, 날짜별로 계산하여 지급하는 일당제로 바꾼다고 발표했다. 이 일을 계기로 노동자들이 가지고 있던 불만을 표출하기 시작했다.

※ 1946년 노동 쟁의 현황

	15일	경성철도 노동자 3천 명 파업
	23일	부산 철도국 노동조합원 7천 명 파업
	24일	전국 철도노동조합 파업
9월	26일	출판노동조합 파업
	28일	중앙전화국 노동조합 파업
	29일	대구 등지에서 40여 개 노동조합 파업
	30일	경찰 강제 진입으로 사상자 수백 명 발생
10월	1일	대구에서 경찰이 시위대에 발포해 사망자 발생
	2일	대구에서 시작해 전국으로 시위 확산

노동자들이 일으킨 9월 총파업에서 시작된 10월 항쟁은 12월 중순까지 두 달 반 동안 이어졌다. 38도선 이남 전국에서 노동자, 농민, 학생 등 2~300만 명이 참여해 미군정에 대한 불만을 표시했다.

🔍 **탐구하기** 노동자들이 일으킨 9월 총파업이 10월 항쟁으로 이어지는 데 출발점이 되었던 도시는 어디인가요?

해석 1 ● 8·15는 진정한 광복이 아니었다

일제가 연합군이 제시한 포츠담 선언을 받아들이지 않자, 미국은 원자폭탄을 떨어뜨렸고 일제는 항복을 선언했다. 1945년 9월 9일 미군 사령관인 하지 중장과 조선 총독은 항복 문서에 서명했다. 조선 총독부 건물 앞에 걸려 있던 일장기도 내려갔다. 하지만 그 자리에는 태극기가 아니라 미국 국기인 성조기가 올라갔다. 일제 식민지에서 벗어났는데, 왜 진정한 광복이 아닌 걸까?

첫째, 우리 힘으로 이룬 광복이 아니었기 때문이다.

우리 민족은 일제 강점기 내내 나라 안팎에서 끊임없이 독립운동을 펼쳤다. 그러나 일제가 갑자기 연합군에 항복을 선언하면서 이루어진 광복이었을 뿐 일제를 우리 힘으로 몰아낸 것은 아니었다. 실제로 우리 군대가 일제와 전쟁을 벌여서 승리한 것이 아니기 때문이다.

둘째, 광복과 동시에 분단이 되었기 때문이다.

1945년 8월 12일, 38도선을 경계로 한국을 나누어 다스리자는 미국 제안을 소련이 받아들이면서 우리나라는 광복과 동시에 분단이 되어 버렸다. 제2차 세계 대전이 진행되는 동안 미국과 소련은 같은 편이었으나 전쟁이 끝나자, 자기 나라 편을 드는 정부를 세우려고 분할 통치를 결정했다.

셋째, 친일파 청산을 이루지 못했기 때문이다.

남한을 차지한 미군정은 여운형을 중심으로 조선 건국 준비 위원회가 선포한 조선 인민 공화국과 대한민국 임시 정부를 인정하지 않았다. 미군이 들어오기 전까지 치안과 행정을 맡고 있던 조선 인민 공화국이 해체되고 미군정은 친일파를 다시 불러들였다. 일제는 패망했으나 친일 관리가 여전히 다스렸다.

우리나라가 일제 식민지에서 해방되는 데 큰 역할을 한 미국과 소련은 우리나라를 자기 마음에 맞는 나라로 만들기 위해 서로 경쟁했다. 일제 강점기 내내 노력한 독립운동은 제대로 평가받지 못하고 친일파가 나라를 쥐고 흔드는 비극으로 이어졌다. 그래서 진정한 광복이라고 할 수 없다.

> **해석하기** 8·15를 진정한 광복이라고 볼 수 없는 가장 큰 까닭은 무엇인가요?

해석2 ➡ 남한을 신탁 통치한 미군정은 지지를 받지 못했다

남한은 모스크바 삼국 외상 회의 결정에 따라 1945년부터 1948년까지 3년 동안 신탁 통치를 받았다. 하지만 신탁 통치를 실시한 미군정은 국민들로부터 크게 지지를 받지 못했다. 미군정은 미국이 우리나라 신탁 통치를 위해 설치한 행정 기관이다. 새로운 나라가 세워질 수 있도록 도움을 주려 했던 미군정이 지지를 받지 못한 까닭은 무엇일까?

💡 **첫째, 미군정이 일제가 망하자 쫓겨난 친일파를 다시 불러들였기 때문이다.**

일본인 간부 밑에서 순경이던 사람은 윗사람인 일본인 간부들이 없어져 비게 된 자리를 차지했고, 면서기였던 사람은 면장이 되고, 면장이던 사람은 군수가 되었다. 국민들은 반발했지만, 미군정은 38도선 이남 땅을 잘 관리하면 그만이라고 생각했다. 그러다보니 미군정이 우리나라 해방을 돕고 새로운 나라를 세우는 데 도움을 주는 것이 아니라 일제 강점기로 되돌려놓았을 뿐이라고 생각했다.

💡 **둘째, 일제 강점기 때 수탈 기관인 동양 척식 주식회사를 없애지 않고 신한 공사로 이름만 바꾸어 유지했기 때문이다.**

신한 공사는 토지 조사 사업으로 일제가 빼앗은 토지를 원래 주인에게 되돌려주지 않고 돈을 받고 팔았다. 일제가 물러갔으니 빼앗긴 땅을 되찾을 수 있다고 믿은 사람들은 미군정을 좋게 보지 않았다.

💡 **셋째, 경찰을 앞세우고 곡물 수집령으로 쌀을 강제로 거두었기 때문이다.**

일제 강점기에도 공출이라는 이름으로 경찰을 앞세워 농사지은 것을 다 빼앗아 갔다. 해방이 되었는데도 부족한 식량 문제를 해결한다며 곡물 수집령이라는 이름으로 경찰이 앞장서서 곡식을 거두어 갔다. 해방이 되어도 변한 것이 없다는 탄식이 쏟아져 나왔다.

미군정은 미국과 소련이 합의한 38도선을 기준으로 한반도를 분할해 신탁 통치했지만 우리나라에 대한 이해도 부족했고, 우리나라 국민이 원하는 것보다 자기 나라에 이익이 되는 방향으로 신탁 통치를 실시했기 때문에 국민들로부터 지지를 받지 못했다.

🔍 **해석하기** 남한을 신탁 통치한 미군정이 지지를 받지 못한 까닭은 무엇인가요?

역사 토론

📍 신탁 통치는 대한민국에 도움이 되었을까?

[토론 내용] 미국이 제안한 38도선 분할 통치에 소련이 동의하면서 우리나라는 해방과 동시에 분단이 되었다. 남한에는 미군이, 북한에는 소련군이 주둔하면서 모스크바 삼국 외상 회의 결정에 따라 1945년에서 1948년까지 3년간 신탁 통치가 진행되었다.

 1. 도움이 되었다.

신탁 통치 의미를 정확히 말하면 '새로이 독립한 나라가 스스로 나라를 안정되게 다스릴 능력이 부족하니 그 능력이 생길 때까지 대신 맡아 다스리는 것'이다. 우리나라도 3년 동안 신탁 통치를 해 갑작스런 해방으로 혼란에 빠질 위기를 극복할 수 있었다.

 2. 아니다. 도움이 되지 않았다.

일본이 패망하기 직전 총독부는 여운형이 이끈 조선 건국 동맹에 권력을 넘길 준비를 하고 있었다. 여운형은 해방과 동시에 조선 건국 준비 위원회를 꾸리고 치안과 행정을 순조롭게 이끌었다. 신탁 통치가 아니라도 우리 스스로 나라를 세워 다스릴 수 있었다.

 3. 그래도 도움이 되었다.

1945년 일제 식민지에서 해방이 되자, 민주 공화국을 세우자는 의견이 대세였다. 하지만 우리는 식민지가 되기 전까지 전제 군주정이었다. 민주 공화국에 필요한 것이 무엇인지, 어떤 방식으로 나라를 운영해야 하는지 경험해보지 못했고 제대로 알지도 못했다. 신탁 통치를 받으면서 민주 공화국에 대한 이해를 키우고, 준비할 수 있는 시간이 되었다.

 4. 아무리 그래도 도움이 되지 않았다.

미군정은 대한민국 임시 정부와 조선 건국 준비 위원회 모두를 인정하지 않고, 신탁 통치를 하기 위해 자기 입맛에 맞는 사람만을 골라 높은 자리에 앉혔다. 또 행정 공백을 메우기 위해 친일 관리를 다시 불러와 자리에 앉히면서 친일 청산이 이루어지지 못하게 되었다.

[토론하기] 신탁 통치는 대한민국에 도움이 되었을까요? 자기 생각을 밝히고, 그 까닭을 쓰세요.

역사 에 비추어 보는 오늘

학습 내용 | 정해진 답은 없습니다. 자기 생각을 자유롭게 쓰세요.

○ 우리 민족은 일제로부터 해방은 되었지만 분단과 전쟁이라는 비극을 겪었습니다. 이와 관련된 인물이 기념 동상으로 남아있는 것에 대해 생각해 봅시다.

우리나라에 있는 미국 대통령과 장군 동상

경기도 파주시에 있는 임진각은 임진강을 끼고 북한을 바라볼 수 있는 곳에 만들어진 기념관이자 전망대이다. 1972년 정부에서 분단과 휴전으로 북쪽 고향에 갈 수 없는 실향민을 위해 만들었다. 이곳에는 자유의 다리, 전망대, 호수공원, 평화누리공원, 기념비 광장 등이 조성되어 있다.

기념비 광장에는 여러 조형물이 전시되어 있는데, 그 가운데 1975년 10월 3일 국방부 주관으로 세워진 미국 트루먼 전 대통령 동상도 있다. 6·25 전쟁 때 미군 파병을 결정해준 덕분에 북한 침입으로부터 남한을 지킬 수 있었다는 고마움을 담아 세웠다고 한다. 트루먼 대통령은 미국 대통령으로 제2차 세계 대전을 이끌던 루스벨트가 사망하자 부통령 신분에서 대통령직을 승계한 인물이다. 그는 일본에 원자 폭탄 투하를 결정했고, 6·25 전쟁이 발발하자 미국 주도로 유엔군을 파병했다. 트루먼 동상 안내판은 '해리 에스 트루만 상'이라는 글을 박정희 전 대통령이 직접 쓴 것이라고 알려주고 있다.

인천광역시에 있는 인천 자유 공원은 개항 이후 인천에 자리 잡은 여러 나라가 함께 1888년 조성한 우리나라 최초 서양식 공원이다. 만국 공원이라는 이름으로 불리다 일제 강점기 시절에는 서공원으로, 1957년 10월 3일 인천 상륙 작전을 지휘한 맥아더 장군 동상이 세워지면서 자유 공원으로 불리게 되었다.

맥아더 장군은 6·25 전쟁 당시 인천 상륙 작전을 성공시켜 남한에 불리했던 전쟁 상황을 유리하게 바꾼 사람이다. 하지만 중국군이 참전하자 핵무기 사용을 주장하다 직위 해제되었다. 그에 대한 평가가 엇갈려 지난 2005년 인천 자유 공원에 세워진 맥아더 장군 동상 철거 문제로 시끄러웠던 적이 있다.

우리나라를 도와준 사람이기 때문에 동상을 세워 기념하자는 의견과 남북이 분단된 원인을 제공한 사람인데 동상까지 세워 떠받드느냐는 의견이 엇갈리고 있다.

✂ **생각열기** 트루먼 대통령과 맥아더 장군 동상을 세워 놓은 것에 대한 자기 의견을 써 보세요.

06 한 나라가 두 정권으로

학습 목표

❶ 제주 4·3을 설명할 수 있다.
❷ 대한민국 정부가 세워지는 과정을 파악할 수 있다.
❸ 남북한이 분단된 까닭을 이해할 수 있다.
❹ 친일파 처단에 실패한 까닭을 이해할 수 있다.

▲ 5·10 총선거 포스터

▲ 대한민국 정부 수립 기념식

탐구 1 · 제주 4·3

제주 4·3은 1948년 4월 3일 '단독 선거 반대, 분단 반대'를 내세우며 남로당 제주도위원회가 무장봉기한 것을 기준으로 이름붙인 것이다.

1947년 3월 1일, 제주북초등학교에서 3만여 명이 모인 28주년 3·1절 기념식이 열렸다. 이때 질서 유지를 위해 서 있던 기마경찰 말발굽에 아이가 밟혀 숨지는 사고가 일어났다. 경찰이 아무런 조치도 취하지 않고 가버리자 성난 군중이 뒤를 쫓아갔다. 경찰은 항의하는 군중을 향해 총을 쏘았다. 여러 명이 죽고 다쳤다. 하지만 경찰은 사과는커녕 '경찰서 습격 사건'이라며, 3·1절 기념행사를 이끈 간부와 학생을 잡아들였고, 미군정은 좌익 세력이 뒤에서 부추겨 폭동을 일으켰다고 발표했다. 그러나 진실을 아는 제주도민은 반발했고, 미군정에 맞서는 좌익 활동에 지지를 보냈다.

도청을 비롯한 관공서, 은행, 회사, 학교 심지어 미군정청 통역단까지 참여해 총파업을 벌이자 미군정은 강하게 몰아붙였다. 3월 20일 무렵에 총파업이 가라앉으며 직장에 복귀했지만 미군정은 2,500여 명을 붙잡아 고문하고 재판에 넘겼다. 북쪽에서 내려온 청년들이 만든 서북 청년단과 경찰도 '빨갱이를 소탕한다.'며 탄압하자 제주도민은 불만이 점점 커졌다.

1948년에 미국과 이승만은 남한만이라도 정부를 세우기 위해 5월 10일에 선거를 치르기로 했다. 남로당 제주도위원회는, '단독 선거 반대, 분단 반대'를 내세우며 무장봉기했다. 4월 3일 한라산에 봉화를 올리고 남로당 무장대는 경찰지서와 서북 청년단을 비롯한 우익 단체를 공격했다. 미군정은 진압을 위해 많은 경찰과 국방 경비대를 제주도로 보냈다. 무장대와 진압군 사이에 싸움이 끝나지 않고 계속되었다.

5월 10일 총선거일이 되었지만 많은 사람이 투표에 참여하지 않아 제주 3개 선거구 가운데 2개가 투표율 미달로 무효가 되었다. 전국에서 유일하게 제주도만 무효 선거구가 생겼다. 정부가 수립되고 나자 투표에 참여하지 않은 제주 사람들을 찾아내 탄압하기 시작했다.

10월 17일부터는 해안으로부터 5Km 이상 떨어진 중산간 마을은 통행이 금지되었다. 무장대를 고립시키고 후방 지원을 막는다는 명분으로 많은 마을을 불태웠다. 또 직접 가담하지 않았으나 무장대와 관련이 있거나 투표에 참여하지 않은 사람들을 빨갱이로 몰아 사살했다. 탄압은 몇 년 동안 계속되었다. 남로당 무장대는 겨우 5백 명 정도였으나 군인과 경찰, 서북 청년단 탄압으로 제주도민 30만 명 가운데 3만 명이 넘게 희생되었다.

 탐구하기 남로당 제주도위원회가 5·10 총선거를 반대한 까닭은 무엇인가요?

탐구 2 ▪ 분단을 막으려는 남북 연석회의

1948년 2월 10일, 김구는 '삼천만 동포에게 읍함'이라는 성명서를 발표하고 좌우가 힘을 합쳐 통일 정부를 세우자고 했다.

> 삼천만 동포 자매형제여, 지금 내가 가진 하나뿐인 염원은 삼천만 동포와 손잡고 통일 정부를 세우는 일에 함께 나서는 일이다. …… 통일 정부를 세우려다가 38선을 베고 쓰러질지언정 내 한 몸 편안하기 위해서 단독 정부를 세우는 일에는 가담하지 않겠노라.

김구는 김규식과 함께 2월 16일, 북한 정치 지도자인 김두봉과 김일성에게 남북 정치 지도자가 모두 만나 남북 정치 회담을 열자고 했다. 그러나 김두봉과 김일성은 아무런 반응도 하지 않았다. 남한에서 단독 정부를 세우는 총선거를 한다고 발표하자 평양방송을 통해 남북 정당과 사회단체 대표자가 만나는 연석회의를 평양에서 열자고 했다.

남한 정당과 사회단체는 북한이 모든 것을 준비하고 남한은 참석만 하라는 회의에는 가지 않겠다는 쪽과 참석해 주장을 펼치자는 쪽으로 나누어 논쟁을 벌였다.

3월 31일, 김구와 김규식은 참석하기로 하고, "평양으로 오라는 것, 남한에서 회담을 먼저 제의했다는 점을 밝히지 않은 것, 회담 준비에 남한 사람을 참여시키지 않은 것은 우려가 되지만 남북 회담을 여는 것이 중요하니 참석하는 것이 옳다."고 발표했다.

4월 20일부터 평양에서 '남북 정당과 사회단체 대표자 연석회의'가 시작되었고, 4월 30일에 열린 '남북 정당과 사회단체 지도자 협의회'에서 '외국 군대 즉시 철수'와 '남한 단독 선거 절대 반대' 등을 담은

▲ 38도선을 넘는 김구

4개항에 합의했다. 그러나 미국과 소련은 즉각 거부했다. 남한에서 단독 정부를 세우려는 이승만과 한국 민주당은 남북 협상을 통한 통일 정부 수립은 우리나라를 공산화하려는 것이라며 비난했다. 결국 분단을 막고 통일 정부를 세우려는 노력은 성공을 거두지 못하고 남북한에는 각각 다른 정부가 세워졌다.

🔍 **탐구하기** 김구와 김규식이 제안한 '남북 연석회의'가 열린 곳은 어디인가요?

탐구 3 ─ 남북에 각각 들어선 정부

▲ 5·10 총선거 모습

1948년 2월, 유엔 소총회는 '유엔 감시가 가능한 지역 즉 남한에서 선거를 실시한다.'고 결의했다. 남한만이라도 정부를 세워야 한다는 이승만과 우익 세력인 한국 민주당은 이를 적극 지지했다. 5월 10일, 유엔 감시 아래 38도선 이남 지역에서 총선거가 실시되었다. 단독 선거를 반대하는 김구와 김규식을 비롯해 좌우 합작 세력은 선거에 참여하지 않았다. 총선거로 선출된 의원 198명이 국회를 세웠다. 임기는 2년이었고, 헌법을 제정한 '제헌 의회'였다. '대한민국'이라는 국호를 정하고 국회의원이 책임지고 나라를 다스리는 의원 내각제로 나라를 세우려 했다. 그러나 이승만은 의원 내각제를 하면 어떤 직책도 맡지 않겠다며 대통령제를 하자고 주장했다.

결국 7월 17일, 공포된 헌법에 대통령제가 결정되었고, 대통령은 국회에서 뽑는 것으로 정해졌다. 7월 20일, 대통령을 뽑는 선거가 실시되어 이승만이 대통령, 이시영이 부통령에 당선되었다. 8월 15일, 이승만 대통령은 대한민국 정부 수립을 국내외에 선포했다. 미국은 신탁 통치를 끝내고 12월 12일 파리에서 열린 제3차 유엔 총회에서 대한민국이 한반도에서 유일한 합법 정부임을 공인했다.

반면 1945년 38도선 북쪽에 주둔한 소련군은 사령부를 설치하고 남북 왕래를 막아버렸다. 10월, 소련군은 북조선 5도 임시 인민 위원회를 세우고 이어서 조선 공산당 북조선분국을 세웠다.

행정과 당 조직을 세운 소련군이 1945년 10월 14일, 평양 공설운동장에서 연 군중대회는 김일성이 돌아왔다는 것을 알리는 자리였다. 소련과 조선 공산당 북조선분국은 1946년 2월 8일, 북조선인민 위원회를 세워 나라를 다스렸다. 북조선 인민 위원회는 정부 역할을 했으며 위원장은 김일성, 부위원장은 김두봉이 맡았다.

남한에서 단독 정부를 세우려는 움직임이 활발해지자 1948년 2월, 임시 헌법을 공포하고 대의원 선거를 실시했다. 그리고 9월 9일, 김일성을 수상으로 하는 조선 민주주의 인민 공화국이 세워졌다. 소련은 조선 민주주의 인민 공화국을 정식 정부로 인정했다. 이로써 한반도는 38도선을 사이에 두고 대한민국과 조선 민주주의 인민 공화국이라는 두 정부가 들어섰다.

 탐구하기 다음 빈칸에 들어갈 알맞은 말을 써 보세요.

1948년 38도선 남쪽에는 (　　　　　　), 북쪽에는 (　　　　　　) 정부가 세워졌다.

해석 1 ➖ 남북 연석회의가 성공하지 못한 까닭은?

남북 연식회의는 남측에서 정당 41개와 사회단체 대표 396명이 참석하고, 북측에서 정당 15개와 사회단체 대표 197명이 참석했다. 분단을 막고 통일 정부를 세우기 위한 여러 노력이 아무런 성과를 거두지 못하자 마지막으로 시도한 일이었다. 하지만 남북 연석회의는 실패했고, 이념이 서로 다른 정부가 들어섰다. 많은 지도자가 참석해 합의문 발표까지 한 남북 연석회의가 성공하지 못한 까닭은 무엇일까?

첫째, 남측에서도 정치 세력 모두가 통일 정부를 원한 것은 아니었다.

김구가 이끄는 한국 독립당과 김규식이 이끄는 민족 자주 연맹 및 남조선 노동당을 중심으로 한 사회주의 계열만 남북 연석회의에 찬성했다. 이승만과 한국 민주당은 남한만이라도 단독 정부를 세우려 했고, 소련과 맞선 미국도 자기 편 정부가 세워지기를 원했다. 연석회의에 참석한 사람을 두고 공산주의자라거나 통일 정부가 가능할 것이라고 착각한다며 비난했다.

둘째, 북측에서도 명분을 얻기 위해 연석회의를 연 것이었다.

김두봉과 김일성은 김구와 김규식이 연석회의를 열자고 했을 때 아무 대답이 없다가 남측이 단독 정부를 세우는 선거를 한다고 발표하자 그때서야 회담을 열자고 했다. 북측도 단독 정부를 세우려고 준비하면서 겉으로 명분을 얻으려는 것일 뿐이었다. 끝까지 통일 정부를 세우려고 했지만 이승만과 미국이 반대해서 못했다는 핑계를 만들 수 있기 때문이었다. 남측에서 5·10 총선거가 예정대로 진행되자 북측에서는 2차 남북 연석회의를 제안했다. 하지만 김구와 김규식 모두 북측이 남측을 비난하는 핑계를 만들어주는 것이라 여겨서 참가하지 않았다.

셋째, 좌우 합작을 주장하고 이끌어갈 사람이 없어졌다.

여운형과 김구가 암살되고 김규식마저 물러나면서 좌우 합작을 통해 통일 정부를 세우는 논의를 이끌어 갈 사람이 없었다. 남북이 단독 정부를 세운 뒤라고 해도 남측에서 지도자가 적극 나섰다면 전쟁도 겪지 않고, 분단도 되지 않았을지 모른다.

> **해석하기** 남북 연석회의가 성공하지 못한 가장 큰 까닭은 무엇일까요?

해석 2 ― 반민 특위와 친일 청산이 실패한 까닭은?

3·1 만세 운동 뒤 일제가 문화 통치를 시작하면서 회유와 폭력으로 민족을 분열시켰다. 계몽 운동이나 독립운동을 하던 사람도 일제에 넘어갔다. 1930년대 일제가 '내선일체'를 내세우자 이광수, 김성수, 김활란, 최린을 비롯한 교육, 종교, 문화, 기업 등에서 높은 자리를 차지하고 있던 많은 사람이 친일파로 변절했다. 독립이 불가능할 것이라며 자기 이익을 위해 민족을 배신했다.

친일파는 전국을 돌며 강연을 열고, 신문에 글을 썼다. 일본 왕을 위해 전쟁에 나가는 것이 영광이라며 앞장서서 호소했다. 친일 기업가는 일제가 침략한 만주에까지 공장을 세워 얻은 이익을 전쟁 헌금으로 내는 데에도 앞장섰다.

해방이 되고 친일파 처단은 서둘러 처리할 문제였으나 미군정은 미루기만 했다. 통치를 편하게 하려는 목적이었다. 정부가 수립되자 친일파 청산은 더 미룰 수 없었다. 국회에서 '반민족 행위 처벌법(반민법)'을 만들었다. 친일파는 거세게 반발하며 친일 청산은 공산주의자나 하는 소리라는 억지 주장을 했다. 이승만 대통령도 친일 청산을 반대했다. 나라를 안정시켜야 한다는 말은 핑계였고, 친일파를 이용해 권력을 이어가려는 속셈이었다.

그러나 국민이 친일 청산에 적극 호응하자 이승만도 반대할 수 없었고, '반민족 행위 특별 조사 위원회(반민 특위)'가 만들어졌다. 반민 특위는 화신백화점 사장 박흥식을 비롯해 최린, 이광수, 최남선과 친일 경찰 노덕술, 김태석을 잡아들였다. 하지만 이승만 정권은 반민 특위 활동을 비난하고 국회 프락치 사건을 조작해 반민 특위 활동에 적극적인 국회의원을 구속했다. 경찰은 영장도 없이 반민 특위 사무실을 습

> **국회 프락치 사건** 1949년 5월부터 8월까지 반민법을 주장한 국회의원 13명을 남로당원 및 이적 행위로 몰아 구속한 사건

격하는 만행을 저질렀다. 이승만 정권에서 높은 자리 대부분을 차지하고 있던 친일파는 온갖 협박과 폭력으로 방해했다. 김구마저 암살되자 친일 청산은 힘을 잃었다.

반민 특위는 총 682건을 조사해 3백여 명을 체포했다. 그러나 재판에서 실형을 선고한 것은 12건밖에 되지 않았고 그마저도 대부분 풀려났다. 반민특위도 1년도 채 되기 전에 폐지되고 말았다.

친일파는 여전히 높은 자리를 차지하고 친일 청산을 가로막았다. 이승만과 박정희를 비롯한 권력자도 친일 청산에 적극 나서지 않았다. 프랑스에서는 나치에 협력한 사람 2백여만 명을 조사하고 수만 명을 처벌했으나, 우리는 아직도 제대로 된 친일 청산을 하지 못하고 있다.

> **해석하기** 많은 국민이 지지했는데도 반민 특위가 실패한 까닭은 무엇인가요?

📍 남북 분단이 된 가장 큰 원인은 무엇일까?

토론 내용 남북 분단은 미국과 소련 때문에 시작되었고, 남북이 서로 정부를 수립함으로써 굳어졌다.

토론 **1. 이승만 때문이다.**

이승만은 남한에서 가장 지지율이 높은 정치 지도자였다. 남북을 하나로 모아 나라를 세워야 하는 힘과 책임이 있었다. 그러나 제1차 미·소 공동 위원회가 실패로 끝난 뒤 남한만이라도 단독 정부나 위원회를 설치하자고 가장 먼저 주장했다. 분단을 하자고 앞장섰으니 책임을 물어야 한다.

토론 **2. 김일성 때문이다.**

1948년에 남북 연석회의를 열자고 많은 정치 지도자와 사회단체 대표가 주장했으나 북측에서 권력을 쥐고 있던 김일성은 관심조차 보이지 않았다. 남한이 단독 정부를 세운다고 하자 마지못해 명분을 얻기 위해 남북 연석회의를 열었다. 통일 정부를 세우는 일에 전혀 나서지 않았고 북한에 단독 정부를 세우려고만 했다. 분단에 동조했으니 책임을 물어야 한다.

토론 **3. 미국 때문이다.**

한반도에 소련군을 들어오게 한 것도 미국이고, 북위 38도선을 기준으로 한반도를 나누자고 한 것도 미국이다. 유엔 감시하에 총선거를 하자고 주장했으나 인구 비례에 따라서 의석을 정한다고 했기 때문에 인구가 적은 북측은 받아들일 수 없는 조건이었다. 그러므로 미국에 책임을 물어야 한다.

토론 **4. 소련 때문이다.**

소련은 1945년 9월에 38도선 북쪽에 정권을 세우라고 지시하고 1946년 2월에 '북조선 인민 위원회'를 세워 소련편을 들게 했다. 그래서 유엔 감시 하에 선거를 치르고 정부를 세우자는 것에 반대해 유엔 감시단이 38도선 북쪽으로 들어오지 못하게 했다. 통일 정부를 세우는 선거를 방해했기 때문에 책임을 물어야 한다.

토론하기 남북이 분단된 원인은 무엇일까요? 자기 생각을 밝히고, 그 까닭을 써 보세요.

◉ 제주 4·3에 아직 이름을 붙이지 못하고 있는 것에 대해서 생각해 봅시다.

아직도 이름조차 정하지 못한 제주 4·3

2018년은 제주 4·3이 일어난 70년째가 되는 해다.

2000년 1월, '제주 4·3 사건 진상규명 및 희생자 명예회복에 관한 특별법'이 만들어지고, 노무현 대통령이 2003년 '공권력에 의한 양민 학살'이라며 공식 사과도 했으나 아직 4·3에 대한 진상 규명이 완전히 이루어지지 않았다. 그래서 생각에 따라서 제주 4·3은 아직 4·3 폭동, 4·3 사건, 4·3 항쟁, 4·3 사태 등으로 불리고 있다. 그 까닭은,

첫째, 국가에 의한 폭력에 무고한 사람이 희생되었다는 것을 인정하지 않는 사람은 4·3 폭동 또는 4·3 반란이라고 부른다. 3·1 사건과 총파업이 일어나자 미군정청 경무부장인 조병옥이 제주에 와서 제주 사람은 사상이 불온하다며 건국에 방해가 된다면 무력을 쓰겠다고 했다. 그때부터 제주 사람은 빨갱이로 몰렸다. 죄 없이 희생당한 것이 아니라 빨갱이라서 나라가 죽인 것이라는 주장이 아직도 남아 있다.

둘째, 누구는 4·3 사건, 4·3 사태라고 부른다. 정부가 군대를 보내서 총칼로 제주 사람을 죽인 사건이지만 당시 이승만 정부는 물론이고, 박정희를 비롯한 군사 정권은 제주 4·3에 대한 말조차 할 수 없게 했다. '제주 4·3 사건 진상규명 및 희생자 명예회복에 관한 특별법'이 만들어지기는 했으나 정부는 적극적으로 나서지 않았다.

셋째, 누구는 4·3 항쟁이라고 부른다. 두려움 때문에 피해 신고도 제대로 되지 않았기 때문이다. 4·3 피해자를 신고 받아 지원을 하고 있으나 희생된 사람이 유족이나 후손이 없거나 혹시 보복 당하지 않을까 하는 두려움 때문에 신고를 안 하는 경우도 많다. 어떤 피해를 얼마나 입었는지조차 제대로 알지 못하고 있다.

4·3은 70년이 지난 지금도 진행 중이라고 한다. 오랜 원한을 풀고 상처를 치유하는 책임은 이제 우리에게 있다.

✂ **생각열기** 제주 4·3을 어떻게 불러야 할지 생각해 보고, 자신의 의견을 써 보세요.

_____

_____

_____

_____

07 6·25 전쟁

역사 연대기

1949년 | 농지 개혁법이 제정됨
1950년 | 6·25 전쟁이 발발함
1951년 | 거창 양민 학살 사건이 벌어짐
1953년 | 7월 27일 휴전 협정이 맺어짐

학습 목표

❶ 6·25 전쟁이 일어난 원인을 파악할 수 있다.
❷ 6·25 전쟁이 전개된 과정을 이해할 수 있다.
❸ 6·25 전쟁이 남긴 후유증을 생각해 볼 수 있다.
❹ 빨치산에 대해 알 수 있다.

교과 연계

초등사회 6-1 🔗 **3. 대한민국의 발전과 오늘의 우리**
      1) 민족의 상처, 6·25 전쟁

중등역사 2(비상) 🔗 **3. 대한민국의 발전**
      1) 대한민국의 수립

중등역사 2(미래엔) 🔗 **3. 대한민국의 발전**
      1) 대한민국 정부의 수립

중등역사 2(천재) 🔗 **3. 대한민국의 발전**
      1) 대한민국 정부 수립과 6·25 전쟁

▲ 유엔 기념공원(부산)

▲ 폭격으로 폐허가 된 노동당사(철원)

▲ 비무장 지대

탐구 1 - 전쟁 발발

▲ 애치슨 라인

1948년 정부가 세워지자 이듬해 미군은 대한민국에서 철수했다. 1950년 1월, 미국 국무장관 애치슨이 다른 나라에 전쟁이 났을 때 미국이 나서서 지켜주기로 하는 극동 방어선을 정했다. 그러나 그 선 안에는 대한민국이 들어가지 않았다. 우리나라가 다른 나라로부터 침략을 받아도 미국이 지켜주지 않는다는 뜻이었다. 이것을 '애치슨 라인'이라고 부른다.

김일성은 애치슨 라인이 발표되자 전쟁을 일으켜도 미국이 개입하지 않을 것이라고 생각했다. 소련 지원을 약속 받은 김일성은 38도선으로 군대와 무기를 이동시켰다.

6월 25일 일요일 새벽 4시, 38도선 전 지역에서 북한군이 탱크를 앞세우고 공격해 왔다. '미제국주의를 등에 업고 친일파와 민족 반역자가 인민을 짓밟고 있으니 해방시키는 것'이 전쟁을 일으킨 까닭이라고 했다.

이승만 대통령은 국군이 북한군을 38도선 북쪽으로 밀어내고 있으니 걱정하지 말라면서 국민들을 안심시켰고, 서울을 지켜 낼 것이라고 했다. 하지만 미군이 철수하고, 무기도 빈약해 제대로 된 저항도 못한 채 밀리고 밀렸다.

26일 새벽 3시, 미국은 긴급하게 유엔 안전보장이사회를 열었다. 소련은 참석하지 않았다. 유엔 안전보장이사회는 북한군에게 38도선 북쪽으로 돌아가라고 촉구했다.

27일, 유엔이 군대를 파견하기로 결의했다. 라디오에서는 서울을 지켜낼 것이라고 미리 녹음해 둔 이승만 음성이 되풀이 방송되었지만, 이승만은 새벽 3시에 서울을 몰래 빠져 나가 대전으로 수도를 옮겼다. 북한군이 건너지 못하게 하려고 한강다리도 폭파해 버렸다.

전쟁이 일어난 3일 만에 서울을 차지한 북한군은 전쟁을 멈추었다. 그리고는 이승엽을 서울 시장격인 인민위원장에 앉히고 당과 인민위원회를 세웠다. 서울시에 공산 정부를 세운 것이었다.

하지만 7월 1일, 유엔이 군대를 보낸다고 공식 발표하자 김일성은 국가 총동원령을 내리고 전면전에 들어갔다. 한강을 건너 남쪽으로 진격했으며, 온 나라가 전쟁 소용돌이에 휘말리게 되었다.

 탐구하기 북한이 남한을 침략한 6·25 전쟁이 일어난 해는 언제인가요?

탐구 2 ● 전쟁 과정

미국은 발 빠르게 움직였다. 7월 5일, 일본에서 온 미군 2개 중대 406명이 경기도 오산에서 북한군과 처음으로 전투를 벌였으나 크게 패했다.

7월 7일, 유엔군이 창설되었고 맥아더 장군이 총사령관에 임명되었다. 7월 14일, 이승만 대통령이 전쟁을 빨리 끝내기 위해서라며 국군 작전 지휘권을 유엔군 총사령관에게 넘겨주었다. 7월 말이 되자 북한군은 낙동강까지 밀고 내려갔고 차지한 지역에 인민위원회를 세웠다.

9월 15일, 유엔군이 인천으로 상륙해 9월 28일 서울을 되찾았다. 유엔군은 전쟁을 멈추려 했으나 이승만은 북진 통일을 하겠다고 주장했다. 10월 1일, 국군과 유엔군은 38도선을 넘어 북한 지역으로 밀고 올라갔다.

낙동강 전선이 무너진 북한군은 급히 후퇴했지만 길이 막히게 되었고, 제대로 힘도 쓰지 못했다. 국군과 유엔군은 압록강까지 힘들이지 않고 밀고 올라갔다. 이번에는 중국이 나섰다. 미국에 대항해 조선을 구한다는 '항미원조'를 내세워 10월 19일, 중국군 26만 명이 압록강을 건너 왔다. 하지만 미국과 맞대결을 피하기 위해 '인민 해방군'이라는 중국 군대 이름을 쓰지 않고 북한을 돕는 '인민 지원군'이라는 이름을 붙였다. 소련은 전투기를 보냈으나 소련군이라는 것을 감추기 위해 조종사에게 중국군 옷을 입혔다. 11월 말, 중국군에게 밀리자 맥아더는 만주에 핵폭탄 수십 발을 떨어뜨리고 백년이나 없어지지 않는다고 하는 화학 물질인 코발트를 북한 땅에 뿌리겠다고 했다. 하지만 맥아더가 해임되자 그 계획은 실행되지 않았다. 국군과 유엔군은 중국군에 밀려 후퇴했다. 1951년 1월 4일에 서울을 내주었고, 수원과 오산까지 밀렸으나 다시 밀고 올라와 38도선 부근까지 되찾았다. 이때부터 전선은 올라가지도 내려가지도 않은 채로 고지 하나를 뺏고 빼앗기는 무모한 고지전이 이어졌다. 남한도 북한도 더 이상 전쟁을 원하지 않게 되었다. 1951년 7월 10일 시작된 길고긴 휴전 회담은 1953년 7월 27일 정전 협정이 맺어지면서 끝났다. 그러나 전쟁이 끝난 것이 아니라 잠시 쉰다는 정전이었기 때문에 유엔군에게 넘겨준 국군 작전 지휘권도 돌려받지 못했다.

▲ 북한군 진격 낙동강 방어선

▲ 유엔군 참전

▲ 중국군 개입 1·4 후퇴

 탐구하기 6·25 전쟁을 멈춘 정전 협정이 맺어진 날은 언제인가요?

탐구 3 ➡ 6·25 전쟁이 남긴 피해

1953년 정전 협정이 맺어지자 전투를 멈추었다. 전쟁으로 남북한 모두 많은 집과 공장, 도로, 철도 등 산업 시설이 파괴되었다. 전쟁 기간 동안 군인 약 240만 명, 민간인 약 250만 명이 피해를 입었다.

(단위: 명)

구분	사망	실종 및 포로	부상
국군	137,899	32,838	450,742
국제 연합군	40,670	9,931	104,280
북한군	508,797	98,599	·
중국군	148,600	25,600	798,400

▲ 6·25 전쟁 인명 피해　　(출처: 국방부 군사편찬연구소, 6·25 전쟁 피해 통계집)

국군과 북한군이 밀고 밀리는 상황에서 점령 지역 민간인에 대한 대량 학살도 자행되었다. 국군이나 북한군에게 협력했거나 또는 협력할 가능성을 차단한다는 명분으로 국군과 북한군 모두 민간인을 학살했다. 6·25 전쟁 기간 동안 40만 명 이상 민간인이 학살당한 것으로 추정하고 있다. 전쟁이 남긴 또 다른 피해이자, 무서움을 보여 주는 증거이다.

하지만 전쟁은 끝난 것이 아니라 잠시 쉬는 것이었다. 북한군이 차지한 땅과 국군이 차지한 땅 사이에 군사 분계선이 그어지고 철조망이 쳐졌다. 이것을 '휴전선'이라고 부른다. 휴전선을 사이에 두고 남한은 북한을 국가로 인정하지 않고, 북한도 남한을 인정하지 않았다.

남북에 각각 다른 이념이 자리 잡았다. 북한인 조선 민주주의 인민 공화국은 공산주의를 바탕으로 '남조선'을 해방시켜야한다는 논리로 무장했고, 남한인 대한민국은 자본주의를 바탕으로 공산주의는 무조건 반대한다는 '반공'이 자리 잡았다. 남한에서도 북한에서도 상대방을 이해하거나 돕자고 하면 국가를 뒤엎으려 한다며 처벌했다. 양쪽은 서로 오가지 않았고 2000년에 남북이 서로 화해와 협력으로 나아간다는 6·15 남북 공동 선언을 하기 전까지는 적으로만 대했다.

남한에는 아직 전쟁이 끝나지 않았다면서 유엔군으로 온 미군이 떠나지 않고 있다. 미국과 소련이 나눈 38도선은 전쟁이 끝나자 휴전선으로 이름만 바뀌었다. 같은 말과 글을 쓰며 같은 문화를 가진 한 민족이지만 서로 등을 돌린 채 다른 나라 사람보다 더 남처럼 살아가게 되었다.

 탐구하기　전쟁이 끝나자 38도선 이름은 무엇으로 바뀌었나요?

해석 1 ☞ 지리산 인민 유격대는 왜 남한과 북한 모두에게 버림받았나?

유엔군이 인천으로 상륙하고 서울을 되찾자 낙동강 전선에서 후퇴하던 북한군은 길이 막혀버렸다. 북한군을 따라온 종군 기자와 북한군을 도운 민간인도 국군 처벌을 피해 북한군과 함께 산으로 들어가 인민 유격대가 되었다. 이들은 지리산을 중심으로 유격 활동을 벌였다. 휴전이 되었으나 지리산 인민 유격대는 산을 내려오지 못했다. 북한군 포로는 북한으로 데려갔으나 지리산 인민 유격대는 휴전 협정에서 논의조차 되지 않았다. 그 까닭은 무엇일까?

남한은 지리산 인민 유격대를 폭도로 생각했다. 그래서 이름도 '공산 비적'을 줄여 '공비'라고 불렀다. 반란군이고 도적이기 때문에 진압 대상이었다. 자수하면 죄를 묻지 않는다고 선전했지만, 실제로는 감옥에 가거나 사형을 당했다.

북한은 인민 유격대에 대한 책임을 지려하지 않았다. 이현상을 보내 '남부군'이라는 부대로 편성해 전선에 있는 국군을 지리산으로 보내도록 만들었다. 병력을 분산시켜 북한군에게 부담을 덜어주려고 한 것이다. 지리산 인민 유격대에는 후퇴하던 북한군과 종군 기자도 있었고, 그들은 북한을 위해 싸웠다. 그러나 북한은 정식 군대가 아니니 데려갈 책임이 없다고 여겼다.

이렇게 지리산 인민 유격대는 남북 모두에게 버림받은 존재가 되어버렸다.

📍 우리나라에서 인민 유격대는 언제 시작되었나?

우리나라에서 인민 유격대는 6·25 전쟁을 앞뒤로 해 지리산 등에서 활동한 부대를 가리키는 말로, '빨치산' 또는 '게릴라'라고도 부른다.

1947년 9월 총파업과 대구 10월 항쟁에서 진압을 피해 산으로 들어간 사람이 부대를 만들면서 시작되었다. 또 제주 4·3 진압 명령에 반발한 10·19 여수 순천 사건에 가담했던 많은 군인이 지리산으로 들어갔고 대구와 포항에 있던 제6연대도 반란을 일으켜 팔공산으로 들어가 인민 유격대가 되었다.

북으로 간 남로당 지도부는 강동정치학원이라는 군사 학교를 만들어 무장대원을 양성했다. 1948년 11월부터 남한으로 내려 보내 흩어져 있던 인민 유격대를 모아 오대산, 태백산, 지리산 부대로 조직했다. 관공서를 습격하고 점령한 지역을 스스로 다스렸으나 1950년 초에 대부분 진압되었다.

해석하기 인민 유격대 문제를 평화적으로 원만하게 해결하지 못한 남북한을 비판해 보세요.

• 남한:

• 북한:

해석 2 ～ 6·25 전쟁으로 누가 이득을 얻었을까?

김일성이다. 1945년 김일성이 북한에 들어올 때 독립운동가로 널리 알려져 있고 소련군으로부터 지원도 받았지만 국내에는 정치 기반이 없었다. 김일성은 소련군 도움을 받아 조만식과 현준혁을 비롯한 다른 정치가를 숙청했다. 그러나 박헌영을 중심으로 하는 남로당 세력은 제거할 수 없었다.

하지만 전쟁이 끝난 뒤 박헌영과 남로당에게 미국 스파이라는 죄를 뒤집어씌울 수 있었다. 박헌영이 '전쟁을 일으키기만 하면 남조선 인민이 대대적으로 봉기해 금세 전쟁이 끝날 것'이라고 인민을 속여 전쟁을 일으키게 했고, 미군이 북한으로 쳐들어오게 만들었다는 것이었다. 김일성은 박헌영과 남로당에게 전쟁 책임을 뒤집어씌웠고, 북한 땅으로 쳐들어온 미군을 물리친 영웅이 되었다. 또 반미를 내세워 권력도 이어갈 수 있었다.

이승만이다. 이승만은 해방된 조국에 돌아왔지만 미국과 친일파 이외에는 제대로 된 지지 기반이 없었다. 그러나 전쟁이 일어나자 국난 극복과 반공을 내세웠다. 자기를 반대하는 세력은 공산주의자로 몰아 제거하고 독재 권력을 이어갈 수 있었다.

미국이다. 미국이 우리나라에 신탁 통치를 한 것은 소련이 남쪽으로 내려오는 것을 막아냄으로써 태평양 지역이 공산화되지 않게 하려는 것이었다. 우리나라가 공산화되면 미국이 동북아시아에서 세력을 완전히 잃어버리기 때문이었다. 그러나 1948년 대한민국 정부가 수립되자 신탁 통치가 끝난 미군은 철수할 수밖에 없었다. 6·25 전쟁으로 한반도에 다시 들어온 미군은 휴전이 된 지금도 여전히 한국에 주둔하고 있다. 전쟁을 잠시 쉬고 있을 뿐 전쟁이 완전히 끝나지 않았기 때문에 철수하지 않는 것이다. 미군이 한반도에 주둔함으로써 미국은 동북아시아에서 큰 영향력을 유지하고 있다.

중국과 소련(러시아)이다. 지금도 북한은 공산주의 체제를 유지하고 있고 외교나 경제 개발 같은 문제를 중국과 러시아에 기대고 있다. 또 미국이 중국과 러시아에 직접 군사 행동을 할 수 없는 것도 북한이 완충 지대 역할을 하고 있기 때문이다.

일본이다. 일본은 제2차 세계 대전에 패망하면서 완전히 폐허가 되었다. 그러나 6·25 전쟁이 일어나자 전쟁에 필요한 물자를 만들어 팔았다. 이때 이룬 경제 성장으로 일본은 다시 강대국이 되었다. 6·25 전쟁이 일어난 덕분에 일본 경제가 살아났다는 말은 조금도 지나친 것이 아니다.

> **해석하기** 6·25 전쟁으로 가장 이득을 본 사람이나 나라를 생각해 보고, 그 까닭을 쓰세요.

역사 토론

📍 통일이 되어도 비무장 지대는 지금처럼 그대로 보존해야 할까?

토론 내용 비무장 지대는 6·25 전쟁 정전 협정에 따라 남북한이 충돌하는 것을 막기 위한 완충 지대다. 통일이 되면 비무장 지대는 필요 없어지기 때문에 그대로 보존하자는 의견과 개발해서 이용하자는 의견이 나뉘고 있다.

1. 보존해야 한다.

비무장 지대는 248km에 이르는 휴전선을 중심으로 남북 각각 2km씩 물러나 그은 한계선 안을 말한다. 정전 협정 뒤 오랫동안 사람 발길이 닿지 않아 전쟁으로 파괴된 생태계가 복원되었다. 5천여 종이나 되는 동식물이 살고 있으며, 멸종 위기종인 사향노루, 산양, 수달, 검독수리, 대청부채를 비롯한 106종이 있다. 그러므로 잘 보존해야 한다.

2. 아니다. 개발해야 한다.

남북을 가르는 중요한 곳이므로 잘 이용해야 한다. 남북을 잇는 도로도 만들어야 하고 사람이 사는 마을도 만들어야 한다. 개발을 해야 남북 교류는 물론 유럽까지 육로로 연결될 수 있고, 우리나라가 큰 이득을 얻을 수 있다.

3. 아니다. 그래도 보존해야 한다.

비무장 지대는 3년이 넘는 전쟁동안 치열하게 전투를 하던 곳이다. 그곳에 묻혀있는 지뢰나 폭발물을 완전히 제거하려면 5백년은 걸린다는 국방부 발표도 있었다. 또 개발은 반드시 공해와 환경오염을 일으킨다. 그러므로 개발하는 데 따르는 위험과 자연 훼손을 막기 위해서 지금처럼 보존해야 한다.

4. 아니다. 아무리 그래도 개발해야 한다.

비무장 지대에도 사람이 살던 마을이 있었다. 통일이 되면 자기 고향으로 돌아가려는 사람과 자기 땅에 농사를 지으러 가겠다는 사람도 많을 것이다. 자기 마을과 자기 땅으로 돌아가겠다는 사람을 막을 수는 없다. 그러므로 개발을 무조건 막아서는 안 된다.

토론하기 통일이 된 뒤 비무장 지대는 보존해야 할까요? 개발해야 할까요? 자기 생각을 밝히고, 그 까닭을 쓰세요.

역사 에 비추어 보는 오늘

◐ 평화를 지키기 위해 우리나라가 외국에 군대를 보내는 것에 대해 생각해 봅시다.

우리나라도 보내고 있는 평화유지군

우리나라는 1963년 베트남 전쟁에 전투병과 전투 지원병을 보낸 것을 시작으로 지금도 국제연합 (UN) 평화유지군(PKO) 일원으로 세계 여러 곳에 평화유지군을 파병하고 있다. 평화유지군은 지역 분쟁으로 발생하는 생존권, 인권 침해를 평화적으로 해결하기 위한 활동을 벌이고 있다. 분쟁 당사자가 분쟁 해결을 위해 군사력을 요청할 경우 UN이 회원국 군대로 평화유지군을 창설해 파병하게 된다.

냉전 시대가 끝나자 나라 사이에 분쟁보다 나라 안에서 일어나는 분쟁이 더 많아져 평화유지군도 질병 퇴치, 빈민 구호, 민주 선거 지원, 전후 재건 사업 등으로 범위가 확대되고 있다. 우리나라 군대도 소말리아에 상록수 부대를 시작으로 청해(소말리아)·아크(아랍에미리트)·동명·한빛 부대가 활동하고 있다.

▲ 평화유지군(동명 부대)

동명 부대는 전투 부대로 2007년 7월에 레바논 남부 티르 지역에 파병되어 불법 무장 세력을 막고 치안을 유지하는 임무를 맡고 있다. 또 전투 임무 이외에도 현지인을 상대로 '한국어, 컴퓨터, 태권도, 재봉 교실' 등을 열어서 한국 역사와 문화도 알리고 있다.

한빛 부대는 재건 부대로 2013년 3월에 아프리카 남수단 지역에 파병되었다. 나일 강 범람을 막는 제방 설치와 도로 보수, 의료 지원 등 다양하고 적극적인 활동을 통해 현지 주민으로부터 좋은 반응을 얻고 있다.

✂ 생각열기 우리나라가 분쟁 지역에 평화유지군을 보내는 까닭은 무엇인지 자신의 생각을 써 보세요.

08 이승만과 4·19 혁명

학습 목표

❶ 미국이 보낸 경제 원조 내용을 이해할 수 있다.
❷ 이승만이 한 독재 정치를 파악할 수 있다.
❸ 3·15 부정 선거부터 4·19 혁명 과정을 설명할 수 있다.
❹ 국가 보안법 내용을 생각할 수 있다.

탐구 1 ● 원조 경제

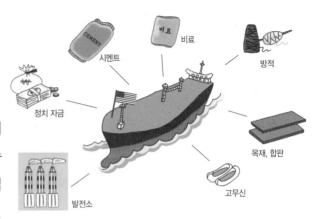

미국은 제2차 세계 대전으로 피해를 입었거나 새로 독립한 가난한 나라에 식량이나 자본을 보내주었다. 이를 대외 원조라고 한다. 군대와 무기, 산업 기술, 후진국 개발, 농산물 등을 지원하는 것이었다. 그리고 국제 부흥 개발 은행과 국제 통화 기금을 통한 자본 지원도 했다. 미국이 대외 원조를 한 까닭은 가난한 나라에 공산주의가 퍼지는 것을 막고, 자기 세력을 넓히기 위해서였다.

일제 강점과 6·25 전쟁을 거치며 우리나라는 폐허가 되었고, 조사 대상 120개국 가운데에서 경제 순위 119위인 가난한 나라였다. 하지만 우리나라는 미국이 제공한 원조로 산업을 일으켰다. 1950년대 말이 되자 6·25 전쟁으로 파괴된 도로와 철도를 비롯한 주요 산업 시설 대부분이 복구되었다. 이때를 원조 경제 시대라고 부른다.

미국이 보내준 원조는 한국 경제에 큰 도움이 되었다. 원조 농산물은 부족한 식량 문제를 해결하는 데에 도움이 되었다. 그리고 원조 받은 농산물을 가공하는 삼백 산업이 발달했다. 삼백 산업은 제분(밀가루), 제당(설탕), 면방직(목화)을 말하며, 세 가지 모두 원료가 흰색이어서 삼백 산업이라고 불렀다. 삼백 산업이 발달하자 민간 기업 중심으로 자본주의 경제가 뿌리내렸다.

하지만 너무 많이 들어온 미국 농산물은 우리 농촌에 위협이 되었다. 쌀을 비롯한 보리와 밀, 목화 값이 폭락해 농민은 더욱 가난해졌다. 농촌 경제가 무너지자 농민은 도시로 가 저임금 노동자가 되었다. 게다가 원조는 농산물 위주였고 산업을 일으킬 수 있는 기계나 공업 원료는 보내주지 않았기 때문에 철강과 기계 같은 생산재 산업은 발달하지 못했다.

정부는 원조 물자를 싼 값에 일부 기업에만 넘겨주었다. 이 과정에서 일부 정치인과 기업인 사이에서 부정한 거래가 이루어졌다. 정치가는 기업에게 특혜를 주고, 기업은 정치가에게 대가로 뇌물을 주었다. 이렇게 정치와 경제가 부적절한 관계를 맺는 '정경 유착'이 이때부터 시작되었다.

1950년대 말이 되자 미국은 무상 원조를 줄이기 시작했다. 미국에 의존해 성장하던 산업은 기반이 다져지지 못해 경제 성장률이 5%대에서 2%대로 떨어졌다. 실업률도 급격하게 늘어났다. 이승만 정부는 제대로 대처하지 못했고 한국 경제는 위기에 빠졌다.

 탐구하기 미국이 잉여 농산물을 한국에 원조하면서 발달한 산업은 무엇인가요?

탐구 2 · 발췌 개헌과 사사오입 개헌

6·25 전쟁 직전에 실시된 제2대 국회의원 선거에서 210석 가운데 이승만을 지지하는 대한 국민당은 24석밖에 얻지 못했다. 또 6·25 전쟁 때 지휘관들이 군수품을 빼돌린 사건과 국민 방위군 1천여 명이 굶주림으로 사망한 사건, 그리고 거창 양민 학살 사건으로 국회에서 이승만에 대한 반발이 커졌다.

국회의원이 뽑는 방식으로는 대통령에 다시 선출될 수 없다는 것을 깨달은 이승만은 1951년 대통령을 직접 국민이 뽑는 것으로 헌법을 바꾸는 개헌을 추진했다. 전쟁이 한창이었기 때문에 국민들은 정권이 바뀌는 것을 원하지 않을 것이라고 생각했다. 개헌에 찬성할 사람을 모으기 위해 자유당을 창당했다. 또 국회의원 50여 명을 간첩으로 몰아 구속한 '부산 정치 파동'을 일으키고 폭력과 협박, 회유로 공포 분위기를 만들었다. 개헌에 찬성하는 국회의원은 자리에서 일어나도록 하는 기립 투표로 개헌안을 의결했다. 대통령 직선제 실시와 국회를 상원과 하원으로 나누는 것 등 일부만 뽑아 헌법을 고쳤다고 '발췌 개헌'이라고 부른다. 이 개헌으로 이승만은 대통령에 다시 당선되었다.

그런데 제2대 대통령 임기가 2년 정도 남은 1954년 6월 이승만은 대통령을 세 번 이상 할 수 없다는 '3선 금지' 조항을 초대 대통령에게는 적용되지 않도록 고치려고 했다. 하지만 이 개헌안은 국회 표결에서 찬성하는 사람이 135명이었다. 의결 정족수에 1명이 부족해 부결이 선언되었다. 그러자 이승만 정권은 유명 수학자까지 동원해 소수점에서 4이하는 버리고 5이상은 1로 올리는 사사오입(반올림)을 적용했다. 의결 정족수는 재적의원 203명 가운데 2/3인 135.333명이었다. 사람은 소수점을 적용할 수 없으므로 135명이면 의결 정족수가 된다는 결론을 내렸다. 부결은 취소되고 개헌안은 통과되었다. 이를 '사사오입 개헌'이라고 한다.

1956년 선거에 출마한 이승만은 민주당 후보 신익희가 갑자기 사망하자 대통령에 당선되었다. 부통령에는 민주당 소속 장면이 자유당 소속 이기붕을 누르고 당선되었다. 하지만 이승만은 216만 표나 얻은 진보당 조봉암을 큰 위협으로 느꼈다. 이승만과 자유당 정권은 진보당이 주장하는 평화 통일론은 북한이 주장하는 것과 같다는 이유로 1958년 1월 간첩죄 및 국가보안법 위반 혐의로 조봉암을 진보당원 16명과 함께 검거했다. 그리고 정당 등록을 취소하고 조봉암을 간첩으로 몰아 사형시켰다. 이를 '진보당 사건'이라고 한다. 그러나 2011년에 대법원은 진보당 사건이 조작된 것이라며 무죄라는 최종 판결을 내렸다.

 탐구하기 이승만이 대통령을 계속하기 위해 두 번에 걸쳐 개헌한 것을 각각 무엇이라고 하나요?

탐구 3 ━ 3·15 부정 선거에서 4·19 혁명까지

1950년대 말 미국에서 들어오는 무상 원조가 줄어들어 경제 사정이 어려워지자 이승만 정권에 대한 지지율도 낮아졌다. 그러나 4대 대통령 선거에 출마한 민주당 대통령 후보인 조병옥이 사망하자 이승만은 또다시 대통령 당선이 확실해졌다. 그러자 86살이나 되는 이승만 건강에 문제가 생기면 대통령직을 대신할 부통령 자리가 중요해졌다. 정부와 자유당은 이기붕을 부통령에 당선시키기 위해 공무원, 마을 이장, 경찰, 정치 깡패를 동원해 부정 선거를 준비했다. 야당 후보가 벌이는 선거 유세를 방해했고, 여러 명을 한 조로 묶어 서로 감시하면서 자유당을 찍게 했다. 다른 사람 투표용지에 미리 찍어 투표함을 바꿔치기도 했다. 이를 '3·15부정 선거'라고 한다.

부정 선거에 반발해 선거 당일인 3월 15일에 마산에서 시위가 일어났다. 선거를 다시 하라고 외치는 시위대를 향해 경찰이 총을 쏘았다. 8명이 사망하고 70여 명이 부상당했다. 정부는 공산주의자가 시위대를 이끌고 있다며 거짓 선전을 했으나, 시위는 전국으로 퍼져나갔다.

정부는 3월 17일, 이승만 85%, 이기붕 73%나 되는 득표율로 당선되었다고 발표했다. 이기붕을 지지하는 표가 99%나 나온 곳도 있었으나 모두 조작된 것이었다. 전국에서 부정 선거에 항의하는 시위가 날마다 일어났다.

4월 11일, 시위 때 행방불명되었던 고등학생 김주열 시신이 마산 앞바다에서 한쪽 눈에 최루탄이 박힌 채 발견되었다. 살인범을 처단하라며 시위대는 점점 더 늘어났다. 4월 18일, 서울 국회의사당(현 서울시의회) 앞에서 농성하고 돌아가던 고려대학교 학생들이 종로에서 반공 청년단에게 습격을 당해 부상을 입었다. 이에 분노한 대학생과 중고등학생, 시민 10만여 명이 4월 19일에 총궐기했다. 시위대는 경무대 앞으로 진출해 이승만 퇴진을 요구했다. 이승만 정부는 서울, 부산, 대구, 광주 등 4개 도시에 계엄령을 선포하고 군대를 동원해 시위대를 향해 총을 쏘았다. 전국에서 2백여 명이 사망하고 6천여 명이 부상당했다.

정부는 이기붕을 당선자에서 사퇴시키고 이승만이 자유당에서 탈당하는 것으로 사태를 수습하려 했다. 하지만 전국에서 모인 대학교수단이 '학생의 피에 보답하라.'며 이승만 퇴진을 요구하는 시위를 벌였다. 중고등학생을 비롯해 초등학생까지 시위에 나섰다. 이승만은 '국민이 원한다면 물러나겠다.'라는 성명을 발표하고 미국으로 망명했다. 이를 '4·19 혁명'이라고 한다.

 탐구하기 이승만 독재 정권을 무너뜨린 혁명은 무엇인가요?

해석 1 ─ 국가 보안법은 누구를 지키기 위한 법인가?

국가 보안법은 1948년 11월 여수·순천 사건이 일어나자 남한에 있는 좌익 세력을 없애려고 서둘러 만든 법이다. 대한민국이 적으로 정한 국가나 세력을 돕는 사람이나 간첩 등을 처벌하는 내용으로 되어 있다.

국가 보안법으로 처벌을 받은 것은 이승만 정부 때 일어난 '진보당 사건'을 비롯해 박정희 정권 때 '민족일보 사건'과 '인민혁명당(인혁당) 사건', 전두환 정권 때 '부림 사건' 등이 있다.

'민족일보 사건'은 1961년 〈민족일보〉를 폐간시키고 사장을 사형시킨 사건이다. 〈민족일보〉는 1961년 2월 창간한 신문으로 남북이 경제와 통신을 자유롭게 교류하고 남북한 학생들이 서로 만나며, 공산주의도 자본주의도 아닌 중간 체제로 통일하자는 주장을 펼쳤다. 그러나 5·16 군사 정변을 일으킨 박정희는 반국가 신문이라며, 5월 19일을 마지막으로 발행을 정지시켰다.

그런 다음 신문을 창간할 때 북한에서 돈을 받았다는 누명을 씌워 사장 조용수를 사형에 처했다. 그러나 2007년 대법원이 사건을 다시 심사해 '군인 정권에 의해 조작된 것'으로 결론이 내려져 무죄가 선고되었다.

'인혁당 사건'은 1964년 북한으로부터 지령을 받고 국가를 뒤집기 위해 인민 혁명당을 만들었다며 수십 명을 구속한 사건이다. 또 1974년에는 전국민주청년학생총연맹(약칭 민청학련)이 유신 철폐 반대 운동을 일으킨 것을 탄압하기 위해 인혁당을 다시 세우려 한다면서 250여 명을 구속한 사건이기도 하다. 두 사건 모두 대법원 재심을 통해 박정희 정부가 조작한 것이라고 밝혀졌다.

'부림 사건'은 전두환 정부 때인 1981년 9월, 부산에서 독서 모임을 하던 대학생과 교사, 회사원 등 20여 명이 나라를 뒤엎으려 했다고 불법 감금과 고문을 통해 조작한 사건이다. 이 사건도 2014년에 재심을 통해 무죄가 선고되었다.

이렇게 재심을 통해 무죄가 선고된 것은 처음부터 죄가 없는 사람에게 누명을 씌웠기 때문이다.

국가 보안법은 국가를 지키기 위해 만들었으나 수십 년 동안 독재 정권이 자기 권력을 지키고 민주주의를 탄압하는 도구로 악용되었다. 국가 보안법은 지금도 악용될 위험을 안은 채 남아 있다.

 해석하기　국가 보안법이 악용된 까닭은 무엇인가요?

해석 2 ◦ 이승만에 대한 긍정과 부정

이승만은 대한민국 초대 대통령으로, 국가 기틀을 세웠으나 부패와 독재 정치로 국민으로부터 축출 당했다. 지금도 이승만에 대한 긍정 평가와 부정 평가가 엇갈리고 있다.

긍정 평가로는

💡 **첫째, 농지 개혁을 실시했다.** 모든 농민이 공평하게 농사를 지을 수 있도록 집집마다 가질 수 있는 농토를 정하고 남는 땅은 다른 농민에게 주는 방식이었다. 이 농지 개혁으로 많은 토지를 독점하는 지주제가 없어지고 소작농도 자기 농토를 소유할 수 있게 되었다. 농민이 자기 땅에 스스로 농사를 짓게 되면서 사회가 안정을 찾게 되었다.

💡 **둘째, 의무 교육을 실시했다.** 초등학교는 누구나 보내야 하는 의무 교육제를 실시하여 일제 강점으로 끊어진 교육을 회복시켰다. 일제 교육을 거부해 80%에 이르던 문맹률이 몇 년 만에 22%까지 낮아졌다. 전통적인 교육열까지 더해져 높아진 국민 교육 수준은 이후에 대한민국이 발전하는 데 큰 기반이 되었다.

💡 **셋째, 국난을 극복하고 한미 동맹을 체결했다.** 6·25 전쟁이 일어나자 외교력을 발휘해 미국을 비롯한 UN군 파병을 이끌어 냈다. 휴전이 되자 한미 상호 방위 조약을 체결해 국방을 안정시켰다.

부정 평가로는

💡 **첫째, 친일 청산을 하지 않았다.** 자신도 독립운동가로 활동했으나 해방이 되자 친일파와 손잡고 자기 권력 기반으로 삼았다. 대통령이 된 다음에는 친일 청산을 위해 국회에서 만든 반민족행위특별조사위원회(반민 특위) 활동을 방해하고 결국 해체시켜 버렸다. 나라를 바로 세울 수 있는 기회를 잃어버렸고 아직도 친일 청산이 되지 않은 채 남아 있다.

💡 **둘째, 남북 분단을 고착화 시켰다.** 권력을 잡기 위해서 좌우 대립과 남북 분단을 막으려 하지 않고 남한만이라도 단독 정부를 세우겠다고 주장했다. 대통령이 되어서도 북진 통일을 주장해 전쟁을 부추겼다. 6·25 전쟁이 끝난 뒤에도 남북 화해나 분단 해소를 위한 노력은 전혀 하지 않았다.

💡 **셋째, 독재 정치를 했다.** 반공을 내세워 자기를 반대하는 정치 세력은 공산주의자라며 몰아냈고, 헌법을 마음대로 바꾸고 부정 선거를 저질러 권력을 이어갔다.

> 🖊 **해석하기** 이승만에 대한 긍정 평가와 부정 평가를 각각 한 가지 이상 써 보세요.
>
> • 긍정 평가: ....
>
> • 부정 평가: ....

역사 토론

📍 4·19 혁명이 일어난 가장 큰 원인은 무엇일까?

[토론 내용] 4·19 혁명은 이승만 정부를 무너뜨렸다. 3·15 부정 선거로 시작하긴 했지만 이승만 정부에 대한 누적된 불만이 터져 나온 것이다.

토론 1. 장기 독재를 했기 때문이다.

이승만은 권력을 이어가기 위해 발췌 개헌, 사사오입 개헌 등 헌법을 바꾸면서까지 12년 동안 권력 유지에만 몰두했다. 6·25 전쟁 중에도, 전쟁이 끝난 다음에도 권력 유지를 위해 수단과 방법을 가리지 않았다.

토론 2. 부정부패 때문이다.

일제가 남기고 간 귀속 재산과 외국에서 들어온 원조 물자를 민간에 넘기는 과정에서 특정 기업에 혜택이 집중되었다. 정부는 기업에 혜택을 주고, 기업은 정부 관리에게 뇌물을 주는 일이 많이 발생했다.

토론 3. 부정 선거 때문이다.

1960년 3월 15일에 치러진 정·부통령 선거는 말로 다하기 어려운 부정 선거였다. 그동안 참았던 국민들은 더 이상 권력이 이어지는 것을 용납할 수 없었다.

토론 4. 시민 의식이 높아졌기 때문이다.

초등 의무 교육이 도입되고, 높아진 교육열로 민주주의에 대한 열망이 커졌다. 높아진 시민 의식은 장기 독재 정치가 가진 문제점을 인식하고, 이를 바로잡기 위해 노력하는 힘이 되었다.

[토론하기] 4·19 혁명이 일어난 가장 큰 원인은 무엇이라고 생각하나요? 자기 생각을 밝히고, 그 까닭을 쓰세요.

학습 내용 | 정해진 답은 없습니다. 자기 생각을 자유롭게 쓰세요.

⟳ 4·19 혁명 때 나라를 바로잡기 위해 나선 것처럼 지금도 바로잡고 싶은 것을 위해 나서는 것에 대해 생각해 봅시다.

　　2017년 부산에 있는 한 초등학교 임원 선거에서 학교 이름을 바꾸겠다는 공약이 나왔다. 이 초등학교 이름은 '대변'이었다. 50여 년 전통을 가진 학교로 마을 이름인 '대변리'에서 따온 것이다. 대변은 조선 시대에 공물 창고인 대동고가 있던 항구를 뜻하는 '대동고변포'를 줄인 말이다. 역사에서 따온 이름이지만 대변초등학교 학생은 '똥학교'에 다닌다는 놀림을 받아야 했다.

　　이 학교 선거에 부회장으로 출마한 5학년 하준석 학생은 "부회장에 당선된다면 학교 이름을 바꾸겠습니다."라는 공약을 내세웠다. 많은 학생이 적극 지지해 당선되었다. 그러나 학교 이름을 바꾸는 것은 간단한 문제가 아니었다. 도로표지판을 바꾸는 문제부터 행정 양식을 바꾸는 데까지 많은 절차를 거쳐야 하기 때문이다. 하준석 부회장은 학생들과 학교 이름을 바꾸기 위해 동문과 마을 어른, 학부모에게 서명을 받고, 선배에게 도와달라는 편지를 썼다. 교장선생님은 총동창회에 교명 변경을 안건으로 올리기도 했다. 학생과 학부모, 동창회, 마을 어른, 교사로 구성된 교명변경추진위원회는 4천여 명으로부터 서명을 받았다. 이를 토대로 학교는 부산시교육청에 학교 이름 변경을 요청했다.

　　2018년 3월 2일 입학식에서 교명 변경 선포식을 열고 새 이름으로 명패를 달았다. 교명 변경 활동을 시작한 지 1년 만에 학교 이름을 용암초등학교로 바꾸게 된 것이다.

✂ **생각열기**　　하준석 학생에게 하고 싶은 말을 자유롭게 써보세요.

09 5·16 군사 정변과 12·12 사태

역사 연대기
1961년 | 국가 재건 최고 회의를 발족함
1965년 | 한·일 협정을 맺음
1972년 | 유신 헌법을 발표함
1979년 | 부마 민주 항쟁이 일어남

학습 목표
❶ 5·16 군사 정변을 알 수 있다.
❷ 유신 체제 성립과 붕괴 과정을 파악할 수 있다.
❸ 독재 정권에 맞섰던 사람들을 설명할 수 있다.
❹ 서울의 봄을 이해할 수 있다.

교과 연계

초등사회 6-1 　🔗 **3. 대한민국의 발전과 오늘의 우리**
　　　　　　　　 3) 자유 민주주의의 시련과 발전

중등역사 2(비상) 　🔗 **3. 대한민국의 발전**
　　　　　　　　 2) 자유 민주주의의 발전과 경제 성장

중등역사 2(미래엔) 🔗 **3. 대한민국의 발전**
　　　　　　　　 2) 자유 민주주의의 발전과 경제 성장

중등역사 2(천재) 　🔗 **3. 대한민국의 발전**
　　　　　　　　 2) 자유민주주의 시련과 발전

▲ 5·16 군사 정변 당시 박정희

▲ 12·12 사태 주역들

탐구1 ― 5·16 군사 정변과 박정희 정부

　이승만 독재 정권이 무너진 뒤, 대통령 중심제에서 내각 책임제로 헌법이 바뀌었다. 선거를 통해 민주당이 많은 의석을 차지했다. 국회에서 윤보선을 대통령, 장면을 국무총리로 선출하고 혼란스러운 사회 질서를 바로잡아갔다.

　그러나 1961년 5월 16일, 육군소장 박정희는 군인 수천 명과 탱크를 앞세워 서울 시내로 들어왔다. 박정희는 중앙청을 비롯한 중요 행정 기관과 방송국을 점령하고 전국에 비상 계엄령을 선포했다. 박정희는 위기에 빠진 나라를 구하기 위해 군인이 나섰다고 했다. 무능한 정권과 부패한 정치인에게 나라를 맡겨둘 수 없고, 사회 혼란을 바로잡는다며 '혁명 공약'을 발표했다. 가장 먼저 내세운 것은 '반공'이었다. 권력을 잡은 군사 정권은 '국가 재건 최고 회의'라는 이름으로 나라를 다스리기 시작했다.

　국회와 지방 의회를 모두 해산시키고, 정당과 사회단체도 활동을 금지시켰다. 반공법을 발표하고 정보기관인 중앙정보부가 앞장 서 군사 정권에 반대하는 사람을 공산주의자로 몰았다. 언론, 출판, 집회, 결사를 비롯한 국민 권리를 억압했고, 잡지와 신문 1,200여 종을 폐간시켰다.

　군사 정권은 2년 안에 정치와 민생을 안정시킨 다음, 군인은 정치에서 물러나 민간인에게 정권을 넘기겠다고 약속했다. 그러나 박정희는 1962년 대통령제로 헌법을 바꾼 다음, 민주 공화당을 만들고 대통령 후보로 나섰다. 군인 신분을 버리고 민간인이 되어 대통령에 당선되었다.

　박정희는 정치에서 물러난다는 약속을 저버린 것에 대한 정당성을 얻기 위해 경제 개발을 서둘렀다. 경제 개발을 위한 돈을 마련하기 위해 일본과 수교를 맺는 한일 회담을 다시 열었다. 그러나 박정희 정부는 돈을 얻어오겠다는 목적만을 달성하기 위해 사과나 배상 문제를 내세우지 않았다. 독도에 대한 소유권도 주장하지 않았다. 굴욕적 한일 회담에 대해 반대하는 시위가 크게 일어났으나 박정희 정부는 군대를 동원하는 계엄령으로 무력 진압했다.

▲ 베트남 파병(군인 환송식)

　그리고 미국과 관계를 든든히 하고 경제 개발을 위한 돈을 얻기 위해 베트남 전쟁에 군대를 보냈다. 1964년부터 1973년까지 32만여 명이 참전했다. 한국군 5천여 명이 전사하고 1만 5천여 명이 부상당했다.

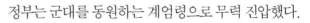

　🔍 탐구하기　한일 회담을 반대하는 시위가 크게 일어난 까닭은 무엇인가요?

탐구 2 ─ 10월 유신 체제 성립

1962년에 개정된 헌법은 대통령 중임제였다. 대통령을 2회만 할 수 있다는 것이다. 박정희는 1967년 선거에서 다시 당선되었기 때문에 임기가 끝나면 더 이상 대통령을 할 수 없었다. 그러나 1969년 대통령을 3회까지 할 수 있도록 바꾸는 '3선 개헌'을 강제로 통과시켰고, 1971년 대통령 선거에 출마해 김대중 후보를 누르고 당선되었다.

박정희는 김대중과 20여 만 표 밖에 차이 나지 않았고, 이어진 국회의원 선거에서도 야당 지지율이 높게 나오자 큰 위기를 느꼈다. 1969년에는 미국 닉슨 대통령이 '닉슨 독트린'을 발표했다. 닉슨 독트린은 아시아 방위는 아시아 힘으로 해야 하며, 내란이나 침략에 대해서도 스스로 대처해야 한다는 정책이었다. 이에 따라 미군이 베트남에서 철수한다고 선언했으며, 중국과도 적극 외교에 나섰다. 미국이 공산주의 세력과 손을 잡자 박정희 정부도 반공을 내세우기가 어려워졌다.

1972년 10월, 박정희 정부는 전국에 비상계엄을 선포하고 국회를 해산했다. 헌법 효력을 중지시키고 새로이 '유신 헌법'을 만들었다. 유신 헌법은 대통령 임기를 6년으로 정했으나 횟수에 제한이 없었다. 또 대통령이 국회의원 3분의 1을 직접 임명할 수 있었고 국회가 대통령을 탄핵할 수 없다는 내용이었다. 그리고 대통령이 국민 기본권 모두를 정지시킬 수 있는 긴급조치 권한을 가지게 되었다. 박정희 정부에서 긴급조치가 아홉 번이나 내려졌는데, 영장도 없이 사람을 잡아둘 수 있었고 사형도 시킬 수 있었다. 대통령 선거도 국민이 아니라 박정희가 만든 '통일 주체 국민 회의'라는 단체에서 이루어졌다. 1972년 장충체육관에서 이루어진 8대 대통령 선거에서는 통일 주체 국민 회의가 뽑은 박정희가 99.9%로 선출되었다.

> **유신** 낡은 제도를 고쳐 새롭게 하는 것

▲ 부마 민주 항쟁

많은 국민이 유신 헌법에 반대해 들고 일어나자 긴급조치로 탄압했다. 시위와 집회는 금지되었고, 대학에는 휴교령을 내렸다. 정부를 비판하는 사람은 간첩으로 몰아 구속시켰다. 1978년 선거에서도 박정희는 99.9% 지지율로 당선되었다. 국민은 장기 독재에 맞서 저항했다. 1979년 10월 16일, 부산에서 유신 반대 시위가 일어났다. 시위는 마산으로도 확대되었고, 10월 20일까지 엄청난 규모로 이어졌다. 이 사건을 '부마 민주 항쟁'이라고 한다.

 탐구하기 박정희가 대통령을 오래 하기 위해 만든 헌법은 무엇인가요?

탐구 3 ━ 12·12 사태와 '서울의 봄'

1979년 10월 26일 중앙정보부장 김재규가 박정희를 저격한 10·26 사태가 일어났다. 박정희가 사망하자 유신 체제는 무너졌다. 국무총리 최규하가 대통령 권한 대행을 맡았고 전국에 비상계엄이 선포되었다. 통일 주체 국민 회의는 최규하를 대통령으로 선출했다. 그러나 12월 12일, 보안사령부 사령관인 전두환, 그리고 노태우를 비롯한 군인들이 쿠데타를 일으켰다. 계엄사령관인 육군참모총장 정승화를 체포해 감금하고 군대를 장악했다.

1980년이 되자 박정희 정부에 맞서다 해직된 교수와 구속되었던 학생들이 대학으로 돌아와 민주화를 위한 토론회와 시위가 활발하게 일어났다. 노동자도 근로 조건 개선과 임금 인상 등을 요구하며 민주화 물결에 동참했다.

4월, 전두환 군부 세력이 권력을 잡으려는 움직임을 보이자 비상계엄 해제를 외치는 대학생 시위가 일어났다. 5월 14일에는 5만여 명이 거리로 나와 시위를 벌이면서 전국으로 번져나갔고, 15일에는 서울역 광장에서 학생과 시민 15만 명이 모였다. 사회 지도층 백여 명이 시국 선언을 발표했다.

전두환 군부 세력은 5월 17일, 계엄령을 전국으로 확대하고 모든 정치 활동과 집회 및 시위를 금지하고 언론과 방송은 사전에 검열을 받도록 했다. 모든 대학에 휴교령을 내리고 군부대를 투입해 학교 문을 닫아버렸다. 또 정치인을 비롯한 사회 지도층과 대학생 2,700여 명을 체포하거나 외출을 금지시켰다.

5월 18일, 광주에서 일어난 민주화 운동을 폭력으로 진압한 뒤 정권을 장악했다. 김재규를 내란죄로 처형하고, 최규하 대통령도 자리에서 물러나게 했다. 그리고 전두환은 통일 주체 국민 회의에 의한 형식적 선거에서 제11대 대통령이 되었다.

▲ 서울역에 모인 시위 군중들(서울의 봄)

1980년 봄을 '서울의 봄'이라고 하는데, 박정희가 사망하자 많은 국민이 유신 독재에서 벗어나 민주화된 나라를 기대했기 때문이다. 1968년 체코에서 일어난 민주화 운동인 '프라하의 봄'에서 따온 말이다. 그러나 전두환 군부 세력은 이를 무력으로 탄압해 다시 독재 정치가 시작되었다.

 탐구하기 1980년 봄을 '서울의 봄'이라고 부른 까닭은 무엇인가요?

탐구 4 ● 박정희 독재에 맞선 사람들

　박정희는 장기 집권을 위해서 국민 기본권을 억압하고, 이에 저항하는 사람은 고문, 감금, 사형까지 시키면서 가혹하게 탄압했다. 그러나 이런 탄압에도 불구하고 국민은 반독재 투쟁을 멈추지 않았고, 앞장서서 투쟁을 벌인 여러 사람이 있다.

　장준하 〈사상계〉라는 잡지를 만들어 반독재 운동에 앞장섰던 장준하는 군사 정변을 일으킨 박정희가 수많은 비리를 저지르고 일본과 굴욕적 수교를 맺자 박정희 정권이 저지른 부정부패를 널리 알렸다. 유신 헌법이 발표되자 함석헌 등과 함께 새로운 헌법을 만드는 서명 운동을 벌였다. 10일 만에 30만 명이 개헌 서명을 하자 위기를 느낀 박정희는 긴급조치를 선포하고 장준하를 구속, 〈사상계〉를 폐간시켰다. 그러나 장준하는 정치, 언론 등 모든 방법을 통해 끊임없이 맞서 반독재 운동에 나선 사람을 하나로 모으는 데 큰 역할을 했다. 1975년에는 '박정희 대통령에게 보내는 공개서한'을 발표했다. 구속된 민주 인사와 학생을 즉시 석방하고 민주 헌법을 만들며, 언론 자유를 보장하라는 내용이었다. 그러나 얼마 뒤, 등산을 갔다가 의문스런 사고로 사망했다.

　문익환 하나님 말씀인 복음을 목사로서 열심히 전하면 세상이 편안해질 것이라고 믿었던 문익환은 친구인 장준하가 의문사를 당하자 복음만으로 세상이 좋아질 수 없다고 생각해 반독재 투쟁에 나섰다. 59세나 되는 늦은 나이에 민주화 운동에 나섰다며 스스로 '늦봄'이라는 호를 붙였다. 투옥과 석방을 되풀이해 11년을 감옥에서 보냈다. 문익환은 민주화를 가로막는 가장 큰 장벽은 남북 분단이라고 생각했다. 민주화를 부르짖으면 분단된 나라에서 어쩔 수 없다고 막아버리기 때문이었다. 그러므로 민주화를 이루기 위해서는 통일이 먼저 되어야 한다고 생각해 통일 운동에 적극 나섰다. 1989년에 북한을 방문해 김일성을 만나 통일 원칙에 합의한 공동 성명을 발표했다.

　함석헌 기독교인이었지만 독재 정치에 협조하는 교회를 비판하던 함석헌은 《씨올의 소리》를 창간하고 글과 강연을 통해 민중 계몽 운동을 펼쳤다. 함석헌이 말하는 '씨올'은 씨앗과 알맹이를 말하는데, 민중이라는 뜻도 담고 있다. 씨올이 나라 주인이고 국가는 씨올을 위해 존재하는 것이라고 했다. 박정희가 군사 정변을 혁명이라고 하자 혁명은 군인이나 정치 지도자가 하는 것이 아니라 나라 주인인 씨올만이 할 수 있는 것이라며 비판했다. 유신 독재에 반대해 민주화 투쟁을 벌여나갔다.

 탐구하기 　박정희 독재에 맞서서 활동을 벌인 대표적인 사람들은 누구인가요?

해석 ▶ 박정희 정부 때 국민은 어떻게 통제 당했나?

박정희 정부는 국가에 충성해야 한다는 명분을 내세워 군사 교육이나 제도 등을 이용하기도 했다. 독재 정권에 순순히 복종하는 국민을 만들기 위해서였다. 일제 강점기에 황국 신민을 만드는 교육처럼 충성심을 강조해 국민을 통제했고 장기 집권에 악용했다.

💡 **국민교육헌장** 교과서 첫 부분에는 '우리는 민족중흥의 역사적 사명을 띠고 이 땅에 태어났다. ······ 나라의 융성이 나의 발전의 근본임을 깨달아 ······' 라는 내용으로 국민교육헌장이 실려 있었다. 학생들은 무슨 뜻인지도 모르고 무조건 외워야 했고, 외우지 못하면 벌을 받아야 했다.

💡 **국기에 대한 맹세와 하강식** 국민은 모든 행사에서 국민의례를 해야 했고 태극기를 향해 예를 표하며 '나는 자랑스러운 태극기 앞에 조국과 민족의 무궁한 영광을 위하여 몸과 마음을 바쳐 충성을 다 할 것을 굳게 다짐합니다.'라는 맹세를 해야 했다. 오후 6시에 국기를 내리는 하강식을 할 때 애국가가 흘러나오면 가던 길을 멈추고 국기를 향해 차렷 자세로 서 있어야 했다.

💡 **학도호국단과 교련** 4·19 혁명 때 없어진 학도호국단을 다시 세웠다. 학생을 군대처럼 소대, 중대, 대대, 연대로 조직했다. 교련 과목을 만들어 학생에게 사격, 행진, 구급법을 가르쳤다. 공부할 시간에 억지로 군사 교육을 받고 군대식으로 통제를 당해야 했다.

💡 **문화 규제** 퇴폐 문화를 없앤다며 옷차림과 머리카락을 비롯한 모든 문화를 통제했다. 여자는 치마길이가 짧으면 벌을 받아야 했고, 남자는 머리가 단정해야 한다며 장발 단속이라는 이름으로 거리에서 경찰에게 긴 머리카락을 잘려야 했다. 또 모든 영화나 드라마, 노래는 검열을 받아야 했고 정부 마음에 들지 않으면 상영하거나 부를 수 없었다. 영화가 시작될 때 애국가가 나오면 모두 일어서서 차렷 자세를 취해야 했으며, 정부 정책을 선전하는 대한뉴스를 봐야 했다. 사회 분위기를 해친다는 명분으로 통일이나 사회 비판이 담긴 노래는 금지곡으로 지정당해 부를 수조차 없었다. 1975년에만 '왜 불러', '그건 너'를 비롯해 2백여 곡이나 금지되었다.

박정희 정부는 충성과 사회 질서를 내세웠지만 정권에 대한 불만이나 사회 비판을 가로막아 국민을 통제하고 당연히 누려야 하는 자유를 박탈한 것이었다.

> **해석하기** 박정희 정부가 국민을 통제한 까닭은 무엇인가요?

역사 토론

📍 베트남 파병은 우리나라에 도움이 되었나?

토론 내용 박정희 정부는 베트남 전쟁에 32만 명이나 되는 군인을 보냈다. 미국으로부터 받은 도움을 갚고 공산주의 확산을 막으며, 우리 군대를 강하게 만들고 경제를 발전시킨다는 명분이었다.

 1. 도움이 되었다.

　한미 동맹이 더욱 든든해져 우리나라에서 전쟁 위험이 줄어들었고, 군대가 쓰는 무기와 장비도 미국 도움을 받아 현대화되었다. 우리나라가 발전하고 군대가 강해진 것은 베트남 파병 덕분이었다.

 2. 도움이 되지 않았다.

　32만 명이나 되는 우리나라 젊은이가 명분 없는 전쟁에 나가야 했고 5천여 명이 목숨을 잃었고, 1만 5천여 명이 부상을 당했다. 부상을 당하거나 고엽제 피해를 입은 참전 군인이 아직도 고통에 시달리고 있으며, 베트남에서 벌인 민간인 학살과 한국인 2세인 라이따이한 문제도 해결되지 않은 채로 남아 있다.

 3. 그래도 도움이 되었다.

　파병된 군인이 보내오는 봉급은 우리 경제에 활력을 불어넣었으며, 전쟁으로 파괴된 시설을 복구하는 재건 사업과 전쟁에 필요한 물자를 공급해서 벌어들인 돈으로 우리나라 경제 발전을 이룰 수 있었다.

 4. 아무리 그래도 도움이 되지 않았다.

　많은 나라가 반대하는 베트남전에 군대를 보냄으로써 우리나라는 6·25 전쟁을 당한 피해자 국가에서 전쟁을 좋아하는 가해자 국가라는 인식이 퍼져버렸다. 국가 발전을 위한 파병이라고 했지만 박정희 정부가 독재 권력을 유지하고 반공 이념을 강화하는 데 이용되었을 뿐이다.

토론하기 베트남 전쟁은 우리나라에 도움이 되었을까요? 자기 생각을 밝히고, 그 까닭을 쓰세요.

역사 에 비추어 보는 오늘

◐ 베트남 파병이 남긴 문제와 이를 극복하는 방법을 생각해 봅시다.

베트남 파병이 남긴 문제

베트남에 참전했던 군인은 '외상 후 스트레스 증후군'이라는 전쟁 후유증과 고엽제로 얻은 질병으로 고통에 시달리고 있다. 고엽제는 미군이 뿌린 제초제인데 암이나 마비를 일으키는 독성 물질로 2만 명이 넘는 참전 군인이 호흡 장애나 기형아 출산 같은 후유증에 시달리고 있다. 또 많은 베트남 민간인을 한국군이 학살했는데 노약자와 여자, 어린아이를 가리지 않고 마구 죽이고 마을을 불태우기도 했다.

'라이따이한'은 우리나라에는 잘 알려지지 않았으나 베트남 전쟁 때 한국 남자와 베트남 여자 사이에 태어난 혼혈인을 말한다. 북베트남이 승리한 베트남에서 한국군은 적이었으므로 라이따이한도 냉대를 받고 제대로 된 교육도 받지 못해 극심한 가난에 시달려야 했다.

한베평화재단과 해결 노력

▲ 제주 강정마을에 세워진 피에타 동상

2016년 베트남전에서 한국군이 저지른 잘못에 대해 사과하고 평화를 기원하는 단체인 '한베평화재단'이 만들어졌다.

이 재단은 민간인 학살에 대한 조사, 평화 교육, 전쟁 피해자를 위한 복지 사업, 베트남과 문화 예술 교류 등을 추진하고, 베트남전 종전 기념일에 맞춰 매년 베트남에 대한 사죄와 평화를 기원하는 행사를 열고 있다. 또 베트남전 희생자를 위로하는 '베트남 피에타' 동상 건립 운동을 벌여 2017년 제주도 강정마을에 베트남 피에타 동상을 세우기도 했다.

🔑 생각열기 베트남 전쟁 때 우리나라가 저지른 문제를 어떻게 해결해야 할지 자기 생각을 써

보세요.

10

잘 살아 보세!
경제 개발 5개년 계획

학습 목표

❶ 새마을 운동 과정과 결과를 파악할 수 있다.
❷ 경제 개발 5개년 계획을 설명할 수 있다.
❸ 전태일이 분신한 까닭을 이해할 수 있다.
❹ 노동자 권리 주장을 설명할 수 있다.

▲ 새마을 운동으로 근대화된 농촌

▲ 서독으로 떠나는 광부들

탐구 1 ▪ 경제 개발 5개년 계획

5·16 군사 정변으로 권력을 잡은 박정희는 장면 정부에서 세워놓은 경제 개발 계획을 이어받아 1962년부터 4차에 걸친 5개년 계획을 추진했다. 국가가 주도하는 계획 경제를 통해 농업 중심 경제 구조를 공업 중심 경제 구조로 단기간에 바꾸려고 했다.

제1차(1962~1966), 제2차(1967~1971) 경제 개발 5개년 계획

자본과 기술은 부족했으나 인구는 많았기 때문에 노동력은 풍부했다. 값싼 노동력을 바탕으로 섬유, 합판, 신발을 비롯한 경공업 제품을 만들어 낮은 가격으로 수출했다. 수출이 빠른 속도로 늘어나 경제 성장률이 연평균 10%나 되었다. 국민 총생산에서 농업이 차지하는 비중이 점점 줄어들고 공업 비중이 높아졌다.

제3차(1972~1976), 제4차(1977~1981) 경제 개발 5개년 계획

경공업 발전으로 이룬 성장을 바탕으로 중화학 공업을 키우기 시작했다. 포항에 제철소를 짓고, 여수와 울산에 석유 화학 단지를 만들었다. 선박과 자동차 산업도 일으켰다. 거대 기업을 중심으로 중공업이 빠르게 성장했다. 공장이 많아지자 일자리가 늘어났고 만든 물건을 운송하기 위한 도로와 항만도 많이 건설되었다. 공장에 필요한 전기를 만들기 위한 발전소도 여러 곳에 세웠다.

1977년이 되자 중공업이 총생산량에서 차지하는 비중이 경공업을 넘어서 중공업 위주로 산업 구조가 바뀌었다.

수출의 날

1977년 드디어 수출 100억 달러를 달성한 기념으로 '수출의 날'을 제정했다.

노동자는 산업 현장에서 열심히 일하고 기업가는 공장이나 회사를 세워 산업을 발전시켰으며, 새로운 제품을 만들기 위해 노력했다. 세계 여러 나라에 우리 제품을 수출해 외화를 벌어들였다. 노동자, 기업가, 정부가 서로 협력하고 주어진 역할에 최선을 다했기 때문에 이루어졌다는 취지였다.

▲ 100억 달러 수출 기념(1977년)

🔍 탐구하기　다음 빈칸에 들어갈 알맞은 말을 쓰세요.

경제 개발 5개년 계획을 추진해 농업 중심 경제 구조를 (　　　　) 중심 경제 구조로 바꾸려고 했다.

탐구 2 ─ 한강의 기적을 이루다

일제 강점과 전쟁으로 무너진 산업 구조 위에 세운 경제 개발 5개년 계획은 한국 경제를 눈부시게 성장시켰다. 독일이 제2차 세계 대전에서 패전한 뒤 폐허를 딛고 이룬 '라인강의 기적'에 빗대어 '한강의 기적'이라고 불렀다. 연간 경제 성장률은 두 자릿수에 이르렀고 수출은 20배 이상 늘어났다. 1961년에는 1인당 국민 총생산이 100달러도 되지 않았으나 1977년에 1,000달러가 되었고, 수출도 100억 달러에 이르게 되었다.

경부 고속 도로가 개통되다.

우리나라 1년 예산이 넘는 돈을 투자해 서울과 부산을 잇는 길이 416km인 경부 고속 도로를 건설했다. 경인 고속 도로를 통해 이어지는 인천항과 더불어 부산항도 경부 고속 도로를 통해 서울과 연결되었다. 대구, 울산, 부산을 비롯한 영남 지방이 수도권과 연결되는 경제 대동맥이 되었다.

▲ 서울−부산 간 고속 도로 개통(1970년)

전기와 전화가 보급되었다.

1962년 농어촌은 12%, 도시는 51%에 불과했던 전기 보급률이 1979년에는 전국 평균 98.7%로 급상승했다. 전깃불은 활동 시간을 연장시켜 문화와 산업을 발전시키는 원동력이 되었다. 가입비와 요금이 비싸 전화는 부유한 사람만 가질 수 있었으나 경제 개발로 수요가 늘어나자 가입과 요금이 저렴해지고 통신 기술도 발전해 점차 보급이 늘어났다. 전화 보급으로 멀리 떨어진 사람과 쉽게 의사소통을 할 수 있게 되었다.

산을 푸르게 만들었다.

무분별한 벌채로 민둥산이 되어 홍수와 가뭄을 막지 못하는 문제를 해소하기 위해 1970년부터 4월 5일을 식목일로 정하고 대대적인 나무심기 운동을 벌였다. 경제 개발로 키운 국력을 국토 개발에 쓸 수 있게 되었다. 또 큰 강에 댐을 건설해 홍수와 가뭄을 막고, 수력 발전으로 전기도 생산했다.

탐구하기 우리나라 경제가 눈부시게 발전한 것을 독일이 이룬 '라인강의 기적'에 빗대어 무엇이라 불렀나요?

탐구 3 ━ 전태일, 노동자 권리를 말하다

▲ 평화시장 앞 전태일 동상

대구에서 태어난 전태일은 6살 때 방직공장을 운영하던 아버지 사업이 망하자 가족과 함께 서울로 올라왔다. 천막촌에 살면서 신문팔이, 구두닦이를 하면서 여섯 가족을 먹여 살렸다.

아버지에게 재봉 기술을 배워 17살에 평화시장에 있는 봉재공장에 재단사로 취직했다. 다락처럼 아래위층으로 나눈 골방에서 새벽부터 밤늦게까지 일어서지도 못한 채 16시간이나 일을 했다. 창문조차 없는 방에서 일하느라 폐병과 천식 같은 질병에 시달리는 노동자를 보고 가슴 아파했다. 19살에 아버지로부터 노동자도 권리가 있다는 말과 함께 받은 '근로기준법' 책으로 노동에 대한 공부를 시작했다. 21살에 평화시장에서 일하는 재단사 모임을 만들었다. 기계처럼 일하면서도 부당한 대우를 받는 것에 대해 아무런 반항도 못하고 바보처럼 살아왔으며, 노동자 권리를 깨달아야만 바보 신세를 면할 수 있다는 뜻에서 모임 이름을 '바보회'라고 지었다.

1970년에는 '바보회'를 노동 운동 조직인 '삼동친목회'로 바꾸고 박정희 대통령에게 편지를 쓰기도 하고 서울시청, 노동청, 신문사, 방송국 등을 찾아다니며 평화시장 노동자 실태를 알리고 개선을 요구했다. 업주와 노동 감독관이 개선해 주기로 했으나 차일피일 미루며 약속을 지키지 않았다. 그래서 이름뿐인 근로기준법을 불태우는 화형식을 치르는 시위를 벌이기로 했다. 노동자들이 모여들자 전태일은 온몸에 기름을 붓고 불을 붙인 다음 근로기준법 책을 들고 달려 나갔다.

"근로기준법을 준수하라!", "우리는 기계가 아니다! 일요일은 쉬게 하라!", "내 죽음을 헛되이 하지 말라!"는 구호를 외치고 쓰러졌다.

그때까지 아무 관심도 없던 언론이 앞 다투어 보도했고, 많은 대학생이 찾아와 뜻을 이어가겠다는 다짐을 했다. 인권변호사 조영래는 수배되어 쫓기는 몸으로《전태일 평전》을 써서 전태일이 남긴 뜻을 널리 알렸다. 전태일 분신자살 사건은 우리나라 노동자가 겪고 있는 고통과 노동 문제를 드러내는 사건이었고, 노동 운동에 불을 붙인 계기가 되었다.

🔍 탐구하기 근로기준법을 준수하라고 외치며 분신한 노동자는 누구인가요?

해석 1 ⟶ 급속한 경제 개발이 낳은 부작용

계층과 지역 사이에 격차를 심화시켰다.

경제 개발 정책으로 경제는 성장했으나 자본가와 노동자, 도시와 농촌, 호남과 영남, 학력, 직종, 남녀 사이에 소득차가 심하게 벌어졌다. 일자리를 찾아 도시로 떠나는 사람이 많아지자 농촌은 인구가 줄고 노동력이 부족해졌다. 이것을 이촌향도 현상이라 한다. 도시로 인구가 몰리자 주택이 부족해 무허가 집과 가난한 사람이 모여 사는 달동네가 생겼다. 일자리를 얻으려는 사람이 많아지면서 노동 조건도 더욱 나빠졌다.

경제 개발 자금을 얻기 위해 희생을 치러야 했다.

박정희 정부는 경제 개발에 필요한 돈을 얻기 위해 한일 수교를 맺으려 했다. 많은 학생과 시민이 일제 강점에 대한 사죄와 보상 없는 수교는 굴욕이라며 반대 시위를 벌였다. 하지만 박정희 정부는 식민 지배로 받은 피해에 대한 배상을 더 이상 요구하지 않기로 하고, 무상 3억 달러와 민간 상업 차관 3억 달러를 받는 협정을 체결했다. 이 협정으로 일제 강점으로 입은 피해 보상을 받는 길이 어렵게 되었다.

또 독일 사람이 꺼리는 직업인 광부와 간호사로 1만여 명을 파견해 받은 급여를 국내로 송금하게 했다. 베트남 전쟁에 군대를 보내고 받은 급여도 국내로 송금하게 했다. 경제 성장을 이룬다며 우리 국민을 외국으로 보내 피와 땀을 흘리게 했다.

정경 유착과 노동 착취가 일어났다.

빠른 성장을 이루기 위해 만든 재벌 위주 기업 구조는 정경 유착이라는 부작용을 낳았다. 기업은 정치권력과 손잡고 특혜와 이권을 얻고 정치권력에게 불법 후원금을 주었다. 정부는 기업이 어려워지면 국민 세금을 쏟아 부어 일으키려 했다.

또 '잘 살아 보세!'라는 구호로 희생을 강요했다. 성장부터 하고 나중에 분배한다며 노동자에게는 값싼 임금과 긴 노동 시간을 강요했다. 농민으로부터 싼 가격에 쌀을 강제로 사들였고, 농약이나 비료는 비싸게 팔았다.

해석하기　급속한 경제 개발이 가져온 부작용은 무엇인가요?

해석 2 ∞ 새마을 운동은 농촌에 도움이 되었나?

박정희 정부는 낙후된 농촌을 개발하기 위해 새마을 운동을 추진했다. 길을 넓혀 편하게 다닐 수 있게 만들고 하천을 정비해 홍수를 막았다. 또 지푸라기로 엮은 초가지붕을 함석이나 슬레이트로 바꾸는 지붕 개량과, 전기와 전화 설치를 비롯해 농촌 사람이 편리하게 살 수 있게 만드는 '잘 살기 운동'을 펼쳤다. 그런 다음 올바른 정신을 강조하는 정신 운동으로 바뀌어 갔다. 그러나 새마을 운동은 실제로 농촌을 잘 살게 하지는 못했다고 평가 받기도 한다.

첫째, 농촌 경제는 좋아지지 않았다.

새마을 운동은 도로 확장과 지붕 개량 같이 겉으로 드러나는 일에만 치중했고 농민이 잘 먹고 잘 살 수 있는 농촌 경제 정책은 들어있지 않았다. 도로 확장과 지붕 개량에 필요한 시멘트와 함석을 비롯한 자재를 소비하게 만든 것에 불과했다. 새마을 운동이라는 이름으로 도시 공업을 살렸을 뿐이다. 도리어 미국에서 밀, 콩, 옥수수를 비롯한 값싼 농산물을 대량으로 수입해 농산물 값을 폭락시킴으로써 농촌 경제를 더 어렵게 만들었다. 결국 새마을 운동도 도시에 있는 기업을 살리는 운동이었을 뿐 농민은 더욱 힘들게 살아야 했다.

둘째, 농민이 스스로 일으킨 운동이 아니었다.

정부가 강제로 시행한 정책이었기 때문에 농민 스스로 마을 형편에 맞게 환경을 개선하거나 소득을 늘리는 활동으로 이어지지 못했다. 또 새마을 운동을 추진하는 마을 대표로 새마을 지도자라는 조직을 만들어 많은 권한을 주었다. 마을 이장처럼 권력을 쥔 새마을 지도자를 통해 독재 정치를 홍보했다.

이렇게 추진된 새마을 운동은 박정희 대통령이 사망하자 크게 약화되었다. 정부 지원이 줄면서 열기도 급격히 줄어들었다. 그러자 새마을운동중앙회라는 민간 조직을 만들어 풀뿌리 운동으로 펼치려 했다. 그러나 새마을운동중앙회장을 당시 대통령 전두환 동생인 전경환이 맡아 온갖 비리와 부패를 저질렀고, 군부 독재를 널리 전파하는 역할로 전락하고 말았다.

해석하기　새마을 운동이 농촌을 잘 살게 하지 못했다는 평가를 받는 까닭은 무엇인가요?

역사 토론

📍 1970년대 노동자는 왜 근로기준법에 보장된 권리를 주장하지 못하고 혹사당했을까?

토론 내용　노동자가 기본적인 생활을 할 수 있도록 보장한 법률인 근로기준법에는 근로 시간, 임금, 휴일, 해고, 노동조합 등에 대한 내용이 규정되어 있다. 그런데도 노동자는 열악한 작업 환경 속에서 저임금을 받으면서 장시간 일을 했다.

1. 그런 법률이 있는 줄도 몰랐다.

1970년대에 노동자는 대부분 가난했고 학력도 낮았다. 전태일도 아버지로부터 듣기 전까지는 근로기준법이 있는 줄 몰랐다.

2. 근로기준법은 너무 어려웠다.

전문 법률용어와 한자로 된 근로기준법은 읽기조차 힘들었다. 또 법으로 정해져 있다고 해도 먹고 살기도 힘든 상황에서 너무나 먼 이야기로만 느껴졌다. 업주와 관리자 눈 밖에 나지 않고 직장에서 쫓겨나지 않는 것만으로도 다행이라고 생각했다.

3. 업주가 방해했다.

업주 입장에서는 근로기준법을 지키면 노동 시간이 줄어들고 임금이 높아져 손해를 본다고 생각했다. 노동자가 사람답게 사는 것에는 관심조차 없었다. 자기 이익을 위해 노동자가 근로기준법을 공부하거나 노조를 만들려고 하면 해고하거나 방해했다.

4. 아무도 노동 문제에 관심이 없었다.

경제 발전만을 앞세우며 나라 전체를 군대식으로 통제하는 분위기 속에서 노동자를 위해 일해야 할 노동청 공무원조차 노동 환경 실태 조사도 제대로 하지 않고 오히려 업주 편에만 섰다. 또 일반 시민도 노동자는 열심히 일을 해야 한다며 혹사당하는 것을 당연하게 여겼고, 노동 환경에 대해서 전혀 알지 못했다.

토론하기　노동자가 법률로 보장된 권리마저도 주장하지 못한 까닭은 무엇일까요? 자기 생각을 밝히고, 그 까닭을 쓰세요.

학습 내용 | 정해진 답은 없습니다. 자기 생각을 자유롭게 쓰세요.

○ 1960년대 우리나라는 경제 성장을 위협하는 인구 성장 문제를 해결하기 위해 출산율을 낮추기 위한 많은 노력을 했습니다. 하지만 지금은 또 다른 인구 문제를 경험하고 있습니다. 인구 정책과 경제 성장에 대해 생각해 봅시다.

1980년대까지 우리나라는 인구를 줄이려는 정책을 썼다.

'덮어놓고 낳다보면 거지꼴을 못 면한다.'

'딸, 아들 구별 말고 둘만 낳아 잘 기르자.'

'둘도 많다. 하나씩만 낳아도 삼천리는 초만원'

'잘 키운 딸 하나 열 아들 안 부럽다.'

는 구호를 외치며 자식을 적게 낳으라고 장려했다.

그러나 2000년대 들어서는 심각한 저출산 문제에 부딪히게 되었다. 결혼을 해도 자식을 낳지 않는 사람을 가리키는 여러 신조어가 생겼다.

• DINK(Double Income No Kids)족: 일부러 자식을 낳지 않는 맞벌이 부부를 말한다. 자유와 자립을 중요하게 여기며 돈과 출세를 인생 목표로 삼는다.

• PINK(Poor Income No Kids)족: 딩크족과 달리 경제 문제로 자식을 낳지 못하는 부부를 말한다. 경제가 어려워질수록 핑크족이 늘어나게 되었다.

▲ 1960년대　　▲ 1970년대　　▲ 1980년대　　▲ 1990년대

 생각열기　출산율을 높이는 것이 경제와 어떤 관련이 있는지 자기 생각을 써 보세요.

11 민주주의를 지켜내다
- 5·18 민주화 운동과 6월 민주 항쟁

학습 목표

❶ 5·18 민주화 운동 진행 과정을 이해할 수 있다.

❷ 전두환 정부 성립 과정을 파악할 수 있다.

❸ 6월 민주 항쟁을 설명할 수 있다.

❹ 광주 치안이 혼란에 빠지지 않았던 까닭을 이해할 수 있다.

▲ 5·18 민주화 운동

▲ 6월 민주 항쟁

탐구 1 ― 신군부에 맞선 5·18 민주화 운동

　　민주화를 요구하는 시위가 계속되자, 신군부는 1980년 5월 17일 전국으로 계엄령을 확대했다. 김대중을 비롯한 주요 정치 인사를 체포하고, 대학교에 휴교령을 내려 계엄군을 배치했다. 광주에는 특전사 소속 공수부대가 계엄군으로 배치되었다.

💡 **5월 18일** 계엄군은 전남대학교 정문 앞에서 등교하는 학생을 막았다. 항의하자 폭력을 가하고 말리는 시민도 구타했다.

💡 **5월 19일** 상황이 알려지면서 광주 중심가인 금남로에 시민과 학생이 모여 "비상계엄 해제하라.", "전두환 물러가라."고 외치며 시위를 벌였다. 계엄군은 어린이와 노인까지 무자비하게 폭행하고 붙잡아갔다. 또 다친 시민을 병원으로 옮기는 버스와 택시를 세우고 운전사를 구타했다.

💡 **5월 20일** 무자비한 폭력에 분노해 광주 시민 모두가 시위에 나섰다. 금남로에는 버스, 트럭, 택시 200여 대가 차량 시위에 나섰고 많은 시민이 구호를 외치며 뒤따랐다.

💡 **5월 21일** 시위대는 전남 도청 앞에서 계엄군과 대치했다. 오후 1시 도청 옥상 스피커에서 애국가가 울려 퍼지자 계엄군은 아무런 예고도 없이 시위대를 향해 무차별 사격을 가했다. 수많은 사람이 죽고 다치자, 시민도 관공서와 경찰서에서 무기를 빼내 시민군을 조직했다. 계엄군과 시민군 사이에 시가전이 벌어졌다. 계엄군은 시 외곽으로 철수해 모든 길을 막고 광주를 고립시켰다. 전화도 차단했다.

　　광주 시민은 스스로 질서를 잡아 나갔다. 시민 수습 대책위원회를 만들고 유혈 사태를 막기 위해 무기를 회수했다. 계엄 철폐를 조건으로 계엄군 대표와 협상을 시도했으나 계엄군은 폭도를 소탕해야 한다며 요구를 받아들이지 않았다.

💡 **5월 27일** 새벽, 광주 도심 곳곳에는 '계엄군이 쳐들어오고 있습니다. 시민 여러분! 우리를 잊지 말아 주십시오.'라는 차량 방송이 울려 퍼졌다. 도청을 죽음으로 지켜내려는 시민군 목소리였다. 그러나 헬기와 탱크를 앞세운 계엄군이 전남 도청으로 진격해 최후 항전을 하는 시민군을 무력으로 진압했다.

 탐구하기 계엄군에 의해 고립된 광주 시민이 스스로 질서를 잡기 위해 구성한 단체는 무엇인가요?

탐구 2 ⚬ 5·18 민주화 운동 그 이후

2001년 발표에 따르면 5·18 민주화 운동으로 희생된 사망자는 민간인 168명을 포함해 총 195명이고, 부상자는 4,782명이다. 하지만 아직 확인이 안 된 행방 불명자, 암매장된 사람, 시체가 소각된 사람까지 포함하면 5·18 민주화 운동 희생자는 더 많을 것으로 짐작된다.

수많은 국민이 희생되었는데도 민주화 운동으로 인정받기까지는 많은 시간이 걸렸다. 전두환, 노태우로 이어진 신군부 정권은 언론을 장악해 정확한 보도를 막고, 광주 시민을 폭도로 부르며 북한에서 보낸 간첩이 일으킨 폭동이라고 보도하게 했다. 보도를 믿은 다른 지역 사람은 광주에서 일어난 일을 제대로 알지 못해 '광주 사태'라고 부르며 폭동으로만 알았다.

1988년이 되어서야 '광주 민주화 운동 진상조사 특별위원회'가 만들어졌고, 국회에서 청문회가 열렸다. 청문회가 TV로 생중계되자 진실이 드러났다. 하지만 대통령이 노태우였기 때문에 학살자에 대한 처벌은 이루어지지 않았다.

김영삼 정권이 들어서자 처벌해야 한다는 목소리가 더욱 커졌다. 1996년에 12·12 사태와 광주에서 학살한 죄를 물어 전두환에게는 사형, 노태우에게는 징역 22년 6개월을 선고했다. 대법원에서 전두환은 무기, 노태우는 징역 17년으로 감형되었다. 김영삼에 이어 대통령에 당선된 김대중이 국민 대화합이라는 명분으로 특별사면을 했다.

1997년 5월 18일을 '5·18 민주화 운동 기념일'로 제정·발표하고, 첫 기념일 행사를 가졌다. 교과서에도 '5·18 민주화 운동'을 정식 명칭으로 사용하게 되었다.

5·18 민주화 운동은 이후 6월 민주 항쟁 등 우리나라 민주화 운동뿐만 아니라 아시아 여러 나라가 민주화를 이루는 데에 큰 영향을 주었다. 이런 중요성을 인정받아 2011년 5·18 민주화 운동과 관련된 각종 기록물이 유네스코 세계 기록 유산으로 등재됐다.

🔍 **탐구하기** 1980년 5월 18일에 광주에서 있었던 일을 '광주 사태'라고 부르다가 진상이 알려지면서 어떤 명칭으로 부르게 되었나요?

탐구3 ● 전두환 정부 수립

　신군부는 5·18 민주화 운동을 잔인하게 무력으로 진압한 뒤, 비상시국이라는 이유를 들어 '국가 보위 비상 대책 위원회(국보위)'를 만들었다. 국보위는 입법권, 사법권, 행정권을 모두 장악하며 전두환을 위원장에 임명했다.

　신군부는 민주화를 요구하는 사람을 잡아 가두고 신군부에 반대하는 사람도 모두 탄압했다. 조직 폭력배 같은 사회악을 없앤다는 명분으로 만들어진 삼청 교육대에 보내져 가혹한 폭력에 시달리게 했다. 또 언론사를 강제로 통폐합하고 반정부 성향을 가진 기자를 해직시켜 언론을 완전히 장악했다.

　1980년 8월, 최규하 대통령을 사임하게 한 신군부는 전두환을 제11대 대통령에 선출했다. 전두환은 박정희 정부 시기에 만든 유신 헌법을 없앴다. 대통령 선거인단이 간접 선거로 선출하고 임기를 7년 단임제로 한다는 신헌법을 제정했다. 법을 고친 이듬해에 전두환은 대통령 선거인단에 의해 다시 제12대 대통령에 당선되었다. 이 시기를 제5공화국이라고 부른다.

　전두환 정부는 집권 초부터 잇단 유화 정책을 펴 사회 분위기를 정치적 관심에서 멀어지도록 했다. 프로 야구와 영화 같은 대중문화를 확산시키고, 중고등학교 두발과 교복을 자율화했으며, 야간 통행 금지를 폐지했다. 또 과외를 금지시키고 대학 정원을 늘리기도 했다. 1986년 서울아시안게임, 1988년 서울올림픽대회를 유치하는 데 성공했다. 경제 분야에서는 과거 성장 제일주의 정책에서 벗어나 저물가·저금리·저환율 3저(三低) 정책과 부동산 투기 억제 등 안정 우선 정책을 추진했다.

　하지만 전두환 정부가 5·18 민주화 운동을 무력으로 진압하는 등 비민주적인 방법으로 정권을 잡다 보니 국민으로부터 정통성을 인정받기가 힘들었다. 또 친인척 비리로 정부를 비판하는 사람이 더 많아졌다.

　대학생들은 연일 5·18 민주화 운동 진상 규명과 대통령 선거를 간선제에서 직선제로 바꾸는 헌법 개정을 요구하는 시위를 벌였다. 국민이 직접 투표해 대통령을 뽑고 정부를 세워야 독재 정권을 없앨 수 있다고 주장했다. 민주 인사들은 민주화 추진 협의회를 조직하고 대학생들은 전국 학생 총연합을 결성해 힘을 모았다.

　대통령 직선제 공약을 내건 신한 민주당은 창당 25일 만에 후보 50명 전원을 국회의원으로 당선시킨 데 이어 대통령 직선제를 위한 1천만 명 개헌 서명 운동을 전개했다.

> 🔍 **탐구하기** 　국민들이 직접 투표해 대통령을 뽑으려 한 까닭은 무엇인가요?

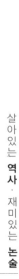

탐구4 ● 6월 민주 항쟁

　1987년 1월 서울대 학생이던 박종철이 목숨을 잃는 '박종철 고문치사 사건'이 벌어졌다. 수배 중인 대학 선배 행방을 조사한다고 연행된 박종철이 남영동 대공분실에서 물고문을 당하고 사망한 것이다. 그러나 당시 치안본부장은 '책상을 탁 치니 갑자기 억하고 쓰러져 사망했다.'고 발표하며 고문사실을 숨기려 했다. 그 뒤 박종철이 고문에 의해 숨졌다는 사실이 알려지면서 진상 규명과 민주화를 요구하는 시위가 전국에서 벌어졌다.

　하지만 국민들 요구에도 전두환은 개헌을 하지 않고, 현행 헌법에 따라 다음 대통령 선거도 간선제 방식으로 선출하겠다는 4월 13일 호헌 조치를 발표했다. 사실상 자신이 지목한 후보를 통해 권력을 이어가겠다는 것이었다. 4·13 호헌 조치 발표로 전두환 퇴진과 호헌 철폐를 요구하는 시위가 거세게 일어났다.

　6월 9일, 연세대학교에서 열린 시위에서 이한열이 전투 경찰이 쏜 최루탄을 맞고 중태에 빠졌다는 뉴스가 나오자 시위대 규모는 더욱 커졌다.

　6월 10일, 민주헌법쟁취 국민운동본부가 공식 주도한 국민 대회는 서울을 비롯한 전국 22개 주요 도시에서 약 24만 명 학생과 시민들이 참여했다.

　이전까지 참여하지 않았던 사무직 노동자인 넥타이 부대도 거리로 쏟아져 나왔다. 학생과 재야인사들이 힘겹게 이끌어가던 민주화 운동이 전국 규모로 확산된 것이다. 시위는 6월 10일 이후 20여 일 동안 매일 계속되었다.

　6월 26일, '국민 평화 대행진의 날'로 선포하고 대규모 거리 행진을 전국 각 지역에서 전개했다. 백여 만 명이 '호헌 철폐', '독재 타도'를 외치며 시위를 벌였다.

　결국 여당 대표이자 차기 대통령 후보로 지명된 노태우가 대통령 직선제를 받아들인다는 6·29 민주화 선언을 발표했다. 이 선언에 따라 대통령 직선제를 도입했고, 임기는 5년, 한 번만 할 수 있다.

　6월 민주 항쟁은 4·19 혁명 이후 가장 규모가 큰 민주화 운동이었다. 학생만이 아니라 일반 시민이 참여한 평화적 시위로, 군사 독재를 끝내고 평화적 정권 교체를 할 수 있는 길을 열어주었다.

 6월 민주 항쟁으로 노태우가 대통령 직선제를 받아들인다고 발표한 것은 무엇인가요?

해석 ▪ 광주는 왜 혼란에 빠지지 않았을까?

1980년 5월 21일부터 26일까지 광주는 계엄군이 물러가고 경찰도 없는 상태였다. 하지만 이 시기 동안 약탈이나 도둑질 등 범죄는 일어나지 않았다. 언론과 정부는 북한 특수부대가 광주 시민을 선동했고 폭도들이 무기고를 습격해 군인을 살상하고 있다고 발표했다. 내용대로라면 당연히 광주는 혼란에 빠졌어야 하는데 안정되어 있었다. 광주는 왜 혼란에 빠지지 않았을까?

5월 21일 계엄군이 물러가고 난 뒤 시민군은 어지러운 거리를 자발적으로 청소하고 시체를 수습하며 부상자를 치료하는 등 질서를 회복하는 데 앞장섰다. 시장과 상점도 다시 문을 열었다. 전기와 수도 등 공공물자는 관련 공무원이 지원해서 해결되었다. 그리고 부상자가 많아서 피가 부족하다는 소식이 알려지자, 병원 앞에는 시위 대열에 나서지 못했던 여성과 학생들이 헌혈하기 위해 몰려들었다.

5·18 기념 재단이 상황을 정리한 내용에 따르면 은행 같은 금융 기관 사고는 한 건도 없었고 귀금속을 파는 상점에도 별다른 사고가 없었다고 한다. 심지어 술을 먹는 젊은이조차 없었다고 한다.

며칠 동안 광주가 고립되면서 쌀이나 반찬거리가 바닥났지만 사재기하는 사람은 전혀 없었고, 오히려 자신이 먹을 음식을 시민군에게 주었다고 한다.

시민군은 수습위원회를 꾸려 차량 통행증과 유류 발급증 등을 만들어 불편함이 없도록 했으며, 외곽 방위를 나누어 맡는 등 자체적인 행정 조직을 운영했다. 정부와 언론이 폭동이라고 발표한 내용은 거짓이었다.

광주가 원활하게 돌아가고 질서가 지켜진 것은 높은 시민 정신이 뒷받침되었기 때문이다. 광주 시민들은 부당한 권력에 맞서서 바로잡아야 한다는 것을 깨달았고, 민주주의는 남이 주는 것이 아니라 스스로 만들고 지켜가야 한다는 진리를 알게 되었던 것이다.

해석하기 계엄군이 물러나고 경찰이 없는 상황에서도 광주가 혼란에 빠지지 않은 까닭은 무엇인가요?

역사 토론

📍 6월 민주 항쟁이 성공할 수 있었던 까닭은 무엇일까?

토론 내용 6월 민주 항쟁은 대학생을 중심으로 시작되었으나 점차 대규모 시위로 확산되었다. 나중에는 '넥타이 부대'라고 불리는 사무직 노동자까지 참여하여 6·29 민주화 선언을 이끌어냈다.

토론 **1. 많은 시민이 참여했기 때문이다.**

일부 대학생만이 '독재 타도'라는 구호를 외치며, 정권에 대항했다면 성공하지 못했을 것이다. 그러나 '넥타이 부대'라고 하는 사무직 노동자까지 시위에 동참하면서 규모가 커지자 많은 사람이 호응하게 되었고, 전두환 정부도 두려워했던 것이다. 결국 많은 시민이 동참해 얻어낸 승리였다.

토론 **2. 한 목소리를 낼 수 있는 단체가 있었기 때문이다.**

시위를 하더라도 이를 이끌어가는 주도 세력이 없었다면 힘들었을 것이다. 여러 단체가 모여 '민주헌법쟁취 국민운동본부'를 만들어 한목소리를 냈기 때문에 성공할 수 있었다.

토론 **3. 정부에서 한발 양보했기 때문이다.**

아무리 많은 사람이 소리 높여 주장했더라도 전두환 정부는 계속 무시할 수도 있었다. 그러나 여론을 수렴해 정부가 한발 양보했기 때문에 6월 민주 항쟁이 결과물을 만들 수 있었다.

토론 **4. 목숨을 걸고 싸웠던 열사들이 있었기 때문이다.**

박종철, 이한열 같은 대학생들이 민주화를 부르짖다가 목숨을 잃었다. 국민은 더 이상 학생들이 죽어서는 안 된다는 생각을 하게 되었고, 점점 시위에 참여하는 사람이 늘어났다.

토론하기 6월 민주 항쟁이 성공할 수 있었던 까닭은 무엇일까요? 자기 생각을 밝히고, 그 까닭을 쓰세요.

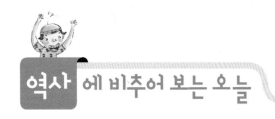

역사 에 비추어 보는 오늘

● 5·18 민주화 운동 정신을 기리기 위해 만들어진 518번 버스에 대해서 생각해 봅시다.

518번 버스를 알고 계신가요?

광주에는 '518'번이라는 특별한 버스가 있습니다. 광주 시민과 광주를 방문한 사람이 5·18 민주화 운동을 이해하고 가까이 접할 수 있도록 5·18 사적지를 도는 버스입니다.

이 버스 노선에는 5·18 사적지 26곳 가운데 10여 곳이 포함되어 있습니다. 군부대가 주둔한 상무 지구에서 시작해서 시민과 계엄군이 대치했던 금남로, 5·18 최후 항쟁지였던 옛 전남도청, 민주화 운동 출발점이었던 전남대, 민주화 운동 희생자가 잠들어 있는 국립 5·18 민주묘지 등 민주화 운동 역사가 숨 쉬는 곳을 지납니다.

이 노선은 순례객에게 오월 유적을 안내해 오던 봉사단체 '오월의 빛'이 제안하고, 광주시가 도시를 상징한다고 생각해 만들었습니다. 그러나 518번 버스는 사적지를 따라서 운행하다보니 굽이굽이 돌아가야 합니다. 거리가 길고 타는 사람이 많지 않으니 수익을 내지 못하지만 광주시는 광주 정신을 느낄 수 있는 버스라고 생각해 없애지 않고 있습니다.

518번 버스는 이렇게 1980년대 광주와 현재를 오가며 많은 사람에게 민주주의 뿌리가 된 5·18 민주화 운동을 널리 알리고 있습니다.

✂ **생각열기**   518번 버스는 광주를 방문하는 사람에게 민주화 운동을 널리 알리고 있습니다. 다른 지역에 사는 사람에게 알려주고 싶은 우리 지역 역사 유적지가 있다면 연관된 지역을 두루 돌아볼 수 있는 버스 노선을 만들어 보세요.

12 민주주의의 발전과 외환 위기

학습 목표

❶ 대한민국 역대 대통령을 알 수 있다.
❷ 6월 민주 항쟁 이후 들어선 정부가 한 일을 알 수 있다.
❸ 6월 민주 항쟁 이후 변화된 사회 모습을 파악할 수 있다.
❹ 외환 위기가 발생한 원인과 결과를 설명할 수 있다.

▲ 서울올림픽대회 개최

▲ 금 모으기 운동

탐구 1 ● 대한민국 역대 대통령

1948년 7월 17일, 제헌 헌법이 제정된 뒤 9회에 걸쳐 헌법이 개정되었다. 헌법이 개정되면 이전과 차별성을 가지기 위해 새 공화국을 선포하고 숫자를 바꾸기도 한다.

1948년 7월 20일, 처음으로 대통령 선거를 치렀다. 국회에서 뽑는 간선제 방식이었다. 1대 대통령 이승만이 당선된 것을 시작으로 2017년 5월 9일, 19대 대통령으로 문재인이 당선되었다. 선거 방식은 간선제와 직선제로 여러 번 바뀌었다.

1987년, 6월 민주 항쟁 승리로 대통령 직선제가 실시되면서 제5공화국이 무너지고 제6공화국이 들어섰다. 제6공화국은 1987년에 당선된 13대 노태우부터 19대 문재인 대통령까지 이어지고 있다.

1948년 8월 15일, 대한민국 정부가 수립된 뒤 대통령 취임식이 19번 있었지만 실제로 대통령이 된 사람은 12명이다. 이승만, 박정희, 전두환이 헌법을 바꿔가며 여러 번 했기 때문이다.

※대한민국 역대 대통령

재임기간	대통령	재임기간	대통령
1, 2, 3대 (1948~1960)	이승만	14대 (1993~1998)	김영삼
4대 (1960~1962)	윤보선	15대 (1998~2003)	김대중
5, 6, 7, 8, 9대 (1963~1979)	박정희	16대 (2003~2008)	노무현
10대 (1979~1980)	최규하	17대 (2008~2013)	이명박
11, 12대 (1980~1988)	전두환	18대 (2013~2017)	박근혜
13대 (1988~1993)	노태우	19대 (2017~2022)	문재인

 탐구하기 우리나라 역대 대통령 가운데 헌법을 바꿔가며 2번 이상 대통령을 한 사람은 누구인가요?

탐구2 ● 6월 민주 항쟁 이후 들어선 정부

노태우 정부 6월 민주 항쟁 뒤 국민이 직접 뽑은 첫 대통령은 노태우였다. 많은 사람이 여당 참패를 예상했지만 전두환과 함께 12·12 사태를 주도한 여당 후보 노태우가 역대 최저인 36.6% 지지를 얻어 당선되었다. 야당 후보인 김영삼과 김대중이 후보 단일화를 이루지 못하고 분열되었기 때문이다.

노태우 정부는 박정희와 전두환을 이은 군사 정권이어서 과거 청산이나 국민이 요구하는 민주화를 제대로 이루지 못했다. 그러나 1988년 서울올림픽대회를 성공 개최하고, 1991년 남북한이 동시에 유엔에 가입하는 등 외교 성과를 거두기도 했다. 또 소련 및 중국 등 사회주의 국가와도 수교를 하는 북방 정책을 추진했다.

김영삼 정부 1991년 여당인 민주 정의당, 김영삼이 이끄는 통일 민주당, 김종필이 이끄는 신민주 공화당이 합쳐져 거대 여당인 민주 자유당이 탄생했다. 김영삼은 1992년 민주 자유당 후보로 대통령에 당선되었다. 박정희가 5·16 군사 정변으로 권력을 장악한 뒤 30년 만에 등장한 민간인 출신 대통령이었다. 이에 문민정부라고 불린다.

김영삼 정부는 금융 실명제를 도입하고 지방 자치제를 확대 실시했다. 역사 바로 세우기로 경복궁에 있는 조선 총독부 건물도 철거했다. 또 군대 내 사조직인 하나회를 해체시켜 군인 권력을 청산했다. 하지만 무리한 시장 개방 정책으로 외환 위기를 맞았다.

김대중 정부 대한민국 정부 수립 후 처음으로 야당 후보가 당선되어 정권 교체가 이루어졌다. 김대중 정부는 외환 위기를 극복하는 한편 햇볕 정책을 적극 추진하여 2000년에 첫 남북 정상 회담을 개최했다. 대북 화해 협력 정책으로 이산가족 상봉, 금강산 관광 등이 시행되며 한반도 평화 정착에 기여했다.

노무현 정부 제주 4·3에 대해 대통령이 직접 사과하는 등 국가 권력에 의한 민간인 희생에 대한 진상 규명에 노력했다. 시민 참여 정치를 내세우며 권위주의를 벗어나 국민에게 친근하게 다가서려 했다. 또 친일 행위, 독재 정권 부역 등 과거사 정리를 위해 노력했으며, 2007년 2차 남북 정상 회담을 개최했다.

탐구하기 노태우 정부가 소련, 중국 등 사회주의 국가와 수교를 한 외교 정책은 무엇인가요?

탐구3 — 6월 민주 항쟁 이후 사회 변화

1987년 6월 민주 항쟁으로 민주주의가 자리를 잡아가자 문화, 복지, 스포츠 등 사회 전반에 걸쳐 많은 변화가 일어났다.

문화 교류 활발 교통과 통신이 발달하면서 다른 나라 문화를 접할 수 있는 기회가 늘어났고, 1989년 해외여행이 자율화되면서 해외 문화를 직접 경험한 사람도 많아졌다. 다른 나라 문화와 우리 문화가 서로 어우러져 다양한 모습으로 발전했다. 최근에는 많은 드라마와 영화가 수출되고 대중 가수가 세계 무대에서 활약하며 '한류'라는 이름으로 널리 알려지고 있다.

다문화 사회 형성 우리나라 경제는 IMF 외환 위기를 극복하고 꾸준히 성장했다. 그러자 여러 나라에서 '코리안 드림'을 꿈꾸며 찾아오는 이주 노동자가 많아졌다. 국제결혼으로 다문화 가정도 늘어났다. 국내에 거주하는 외국인이 늘어나자 다문화 사회가 사리 삽게 되었다.

청소년 문화 발달 1992년 '서태지와 아이들'이 '난 알아요'란 노래로 데뷔하면서 듣고 보기만 하던 청소년이 자기표현을 활발하게 하는 새로운 세대로 변화했다. X세대라고 부른 이 세대가 문화를 주도하고 적극적으로 참여하자 다양한 문화가 만들어졌다. 1990년대 중반 아이돌그룹이 등장하면서 아이돌 스타는 청소년 문화에서 핵심으로 자리 잡았다.

경제 민주화 정치 민주화와 함께 경제 민주화도 이루어지기 시작했다. 경제 민주화는 경제 분야에서 불평등과 부조리를 해소하려는 사상이나 제도를 말한다. 국가가 나서서 독점하는 것을 막고 세금과 사회 보장 제도를 통해 소득을 재분배하는 것이 핵심이다. 국민 연금, 건강 보험, 의무 교육 확대, 무상 급식 실시 등 사회 보장 제도가 늘어 국민 누구나 일정한 지위를 누리며 살 수 있도록 만들어가고 있다.

스포츠 활성화 1986년 서울아시안게임과 1988년 서울올림픽대회를 성공적으로 개최하고, 종합성적 2위와 4위라는 놀라운 결과를 만들어 세계에 우리나라를 알리는 계기가 되었다. 이후 2002년 한·일 월드컵 4강뿐만 아니라 야구, 축구, 골프, 양궁, 스케이팅 등 여러 종목에서 세계 정상을 차지하고 있다.

탐구하기 국가가 나서서 독점을 규제하고 소득 재분배를 통해 불평등을 줄여 나가기 위해 마련한 정책은 무엇인가요?

탐구4 ● IMF 외환 위기와 극복

1980년대 중반에 접어들자 우리나라 경제는 3저 현상으로 호황을 누렸다. 3저는 석유 가격이 낮은 저유가, 은행 대출 금리가 낮은 저금리, 원화 대비 달러 가치가 낮은 저달러 현상을 말한다. 3저 현상에 의한 호황으로 수출이 늘어나고 소득 증가로 구매력이 높아져 자동차와 반도체 산업이 크게 발전했다.

경제 규모가 커지자 김영삼 정부는 세계화를 목표로 삼으며 선진국 경제 모임인 경제 협력 개발 기구(OECD)에 가입했다. 선진국 수준으로 규제를 완화하자 외국인 투자가 늘어났다. 하지만 부정부패로 인해 대기업에 부채가 증가하고, 무역 적자가 심해졌다. 그러자 외국인 투자자가 자금을 회수해 가 버렸다. 나라가 보유한 달러가 줄어들자 환율은 폭등하고 경제는 대혼란에 빠졌다. 다른 나라에 갚아야 할 빚이나 물건 값을 줄 수 없는 상태가 되었다. 이런 외환 위기를 극복하기 위해 1997년 국제 통화 기금(IMF)에 구제 금융을 신청하게 되었다. IMF는 돈을 빌려주는 대신 국가 재정을 줄이고 기업에게는 책임을 물어 구조 조정을 하라고 요구했다. 빚을 다 갚을 때까지 우리나라는 IMF로부터 관리 감독을 받아야 했다. 이를 'IMF 외환 위기'라고 한다.

IMF 외환 위기 직후 출발한 김대중 정부는 공기업을 민간에 팔고, 부실한 기업은 문을 닫게 했으며 금융 기관을 통폐합했다. 또 기업이 구조 조정이라는 이름으로 해고를 자유롭게 할 수 있도록 만들었다. 이와 같은 정책으로 3년 만에 빚을 모두 갚고 관리 체제에서 벗어났다. 하지만 많은 기업이 외국인 손에 넘어가거나 문을 닫아야 했다. 또 무리한 구조 조정으로 엄청난 실업자가 생겼다. 해고가 어려운 정규직을 내보낸 자리에 해고가 쉬운 비정규직을 채용하면서 많은 노동자가 고용 불안과 임금 차별에 시달리는 계기가 되었다.

외환 위기를 벗어난 우리나라 경제는 대기업을 중심으로 철강, 조선, 자동차, 석유화학 등이 세계 최고 수준으로 성장했다. 반도체와 휴대전화에서도 세계 최고 기술을 보유하게 되었다. 수출도 증가해 2011년에는 무역 규모가 1조 달러를 넘어섰고, 세계 10~15위권에 드는 무역 강국이 되었다. 하지만 대기업이 산업을 독점하고, 비정규직 문제로 고용 불안과 빈부 격차가 발생하는 등 부작용도 심화되고 있다.

 탐구하기　1997년 우리나라가 외환 위기 극복을 위해 돈을 빌린 곳은 어디인가요?

해석 ● IMF 외환 위기가 가져온 변화

우리나라는 지난 1997년에 일어난 IMF 외환 위기를 3년 만에 조기 졸업해 외환 위기를 극복했다고 한다. 하지만 극복 과정에서 우리나라 경제 구조가 크게 바뀌어 20년이 지난 지금도 상처는 계속되고 있다. IMF 외환 위기는 어떤 변화를 가져온 것일까?

첫째, 외국인 투자자 눈치를 보게 되었다.

우리나라 주식 시장이 외국인 투자 흐름에 크게 좌우되고 있다. 외국인이 주식을 사고파는 분위기에 따라 주가가 크게 변동되어 손실을 보는 우리나라 투자자가 늘어나고 있다. 외국인 투자자에 의해 주가가 좌우되기 때문에 외국인 눈치를 보고, 외국인이 원하는 방향으로 기업 정책을 결정해야 하는 경우도 늘어나고 있다.

둘째, 비정규직 고용이 늘어났다.

기업이 노동자를 고용할 때 정규직이 아닌 비정규직 고용을 늘렸다. 비정규직이란 1년 또는 2년 기한으로 계약하고 일하는 노동자를 말하는 것으로, 계약이 연장되지 않으면 곧바로 일자리를 잃게 되는 사람을 말한다. 비정규직 노동자는 언제 해고당할지 모르는 고용 불안에 시달리게 되었고, 임금 및 상여금 등에서도 차별을 받게 되었다.

오늘날 '헬-조선' 등을 외치며 일자리를 찾아 외국으로 떠나는 청년층이 생겨난 것도 IMF 외환 위기 후유증으로 분석하는 사람이 많다. 우리나라 고용 상황이 좋지 않고, 좋은 일자리를 얻을 가능성이 적어 한국에서 더 이상 안정적인 미래를 준비하기 어렵다고 생각하는 사람이 늘어났기 때문이다.

셋째, 빈부 격차를 심화시켰다.

2007년 한국 보건사회연구원이 발표한 자료에 따르면 IMF 이후 10명 가운데 7명꼴이던 중산층이 5명 수준으로 줄어들었고, 빈곤층은 1명에서 2명으로 늘어났다고 한다. 반면 상류층은 2명에서 2.5명으로 늘어났다고 한다. 중간층이 얇아지고 상류층과 빈곤층이 많아졌다는 것은 잘 사는 사람은 더 잘 살게 되고 못 사는 사람은 더 못 살게 되었다는 것으로 우리나라에서 소득을 서로 나누는 분배 구조에 문제가 생겼음을 말해주는 현상이다. 이 지표는 2017년 조사에서도 개선되지 않았다.

외환 위기는 극복해야 했고, 극복하기 위해서는 후유증이 생길 수밖에 없다지만 그 상처는 지금도 계속되고 있다.

> **해석하기** IMF 외환 위기가 우리나라에 가져온 변화는 무엇인가요?

역사 토론

📍 1987년 이후 민주주의가 발전한 까닭은 무엇일까?

토론 내용 1987년 6월 민주 항쟁 승리 이후 점차 우리나라 민주주의가 성숙해지고 있다.

 1. 대통령 직선제 덕분이다.

1987년 6·29 민주화 선언으로 대통령 직선제가 다시 도입되고, 국민이 스스로 대통령을 뽑게 되면서 정치에 대한 관심이 높아졌다. 어떤 후보가 나라를 잘 이끌어갈지 고민하게 되었고, 후보는 지지를 얻기 위해 여러 공약을 제시하면서 변화가 일어났다.

 2. 미디어 발전 덕분이다.

인터넷이 보급되자 새로운 미디어가 출현했다. 인터넷을 통해 많은 정치 뉴스를 접하고, 자기 의견도 다양하게 낼 수 있게 되었다. 예전에는 정해진 시간에 텔레비전을 보거나 신문을 읽지 않으면 정치인이 무슨 의견을 내는지, 어떤 활동을 벌이고 있는지 알 수 없었다. 그러나 미디어가 발달하자 정치인도 신경을 쓰게 되었고, 여론 형성도 쉬워졌다.

 3. 경제 발전 덕분이다.

IMF 외환 위기를 겪었지만, 우리 경제는 급속하게 발전했고 소득 증가로 이어졌다. 여유가 생기자 환경 문제, 교육 문제, 주거 문제를 비롯한 '삶의 질'에 대해 폭넓게 생각하게 되었다. 이런 문제를 해결해 줄 유능한 정치인이 누구일지 신중하게 고민하게 되었다.

 4. 시민 의식 성장 덕분이다.

6월 민주 항쟁 이후 민주주의가 얼마나 중요한 것인지, 이것을 지켜나가기 위한 노력이 얼마나 중요한 것인지 깨닫게 되었다. 성숙한 시민 의식은 어떤 정치인이 나라와 국민을 위한 정치를 할 사람인지 구분해내고, 잘못된 부분이 있을 때는 촛불을 들거나 적극적인 의견 제시를 통해 변화를 이끌었다.

토론하기 1987년 이후 민주주의가 발전한 가장 큰 까닭은 무엇일까요? 자기 생각을 밝히고, 그 까닭을 쓰세요.

◐ 다음 글을 읽고, 1인 시위에 대해 생각해 봅시다.

다양한 의사를 표현하는 1인 시위

정부나 정부 기관 또는 기업에 의견을 내세우기 위해 벌이는 시위 방식도 다양해지고 있다. 1인 시위는 '나 홀로 시위'라고도 하는데, 피켓이나 플랜카드, 어깨 띠 등을 두르고 혼자서 하는 시위를 말한다. 2인 이상일 경우에는 집회로 간주되어 사전에 신고를 해야 하고, 어떤 시설은 100미터 이내에서는 할 수 없다는 등 '집회와 시위에 관한 법률'에 적용을 받아야 한다. 하지만 1인 시위는 집회가 아니기 때문에 시간과 장소에 구애받지 않고 자유롭게 할 수 있는 장점이 있다.

▲ 1인 시위

1인 시위는 외국에서도 일어나고 있다. 미국에서 전쟁에 반대한 '반전 엄마'로 알려진 신디 시핸은 2004년 4월 이라크 전쟁에서 24살 된 아들이 죽자 2005년 8월 부시 대통령이 휴가를 보내던 텍사스 크로포드 목장에서 1인 반전 시위를 벌였다. 트레일러에서 먹고 자며 계속된 이 시위는 부시 대통령이 휴가를 위해 도착한 날부터 시작해 26일간 이어져 미국뿐만 아니라 세계 여러 나라에 큰 관심을 불러 일으켰다. 프랑스에서도 지지 시위가 벌어질 정도였다.

✂ **생각열기** 자신이 1인 시위를 한다면 어떤 문제를 제기하고 싶은지 써 보세요.

13 동북공정과 역사 왜곡

역사 연대기

1992년 | 한국과 중국이 수교를 맺음
2002년 | 중국에서 동북공정이 시작됨
2004년 | 중국과 북한이 있는 고구려 유적이 세계 문화유산으로 등재됨

학습 목표

❶ 중국이 동북공정을 하는 까닭을 설명할 수 있다.
❷ 일본 역사 왜곡과 독도 문제를 파악할 수 있다.
❸ 일본이 역사 왜곡을 하는 까닭을 이해할 수 있다.

▲ 광개토 대왕릉비

▲ 다케시마의 날 기념 행사

탐구 1 ~ 중국 역사 왜곡, 동북공정

▲ 동북 3성

중국은 2002년부터 정부 지원으로 동북 3성(헤이룽장성, 지린성, 랴오닝성)과 중국 최고 학술 기관인 '사회과학원'이 함께 동북공정 사업을 시작했다. 동북공정이란, '동북 변경 지역 역사와 현상에 관한 체계적인 연구 과제'를 줄인 말로, 동북 변경 지역인 3성 역사와 문화를 연구하는 사업이다. 이 지역은 우리 민족이 세운 고조선, 고구려, 발해가 자리 잡았던 곳이다.

하지만 중국은 현재 자기 영토 안에 있었던 나라는 모두 소수 민족이 세운 지방 정권이므로 중국 역사라는 논리를 내세웠다. 그러므로 고조선, 고구려, 발해도 중국 역사라고 주장했다.

동북공정은 2007년에 마무리되었으나 중국은 동북공정을 통해서 만들어진 논리를 더 다듬고 더 깊이 연구하고 있다.

	중국측 주장	우리측 반론
조공 성격	고구려는 독립 국가가 아니라 중국 역대 중앙 왕조에 조공을 바친 지방 정권이다.	조공은 고대 동아시아 나라 사이에 오랫동안 해오던 외교 방식이다.
수·당나라와 전쟁	고구려와 수·당나라 전쟁은 중앙 왕조와 지방 정권 사이에 벌어진 내전이다	수나라는 고구려와 전쟁에서 패해 멸망했다. 수·당나라와 고구려 전쟁은 동북아시아 패권을 다툰 국제 전쟁이다.
고구려 유민	고구려 멸망 뒤 유민 대부분이 중국에 흡수되었으므로 고구려 역사는 곧 중국 역사이다.	고구려인 일부가 포로로 끌려간 것이며, 고구려 땅을 당나라가 지배했을 뿐이다.
고구려와 고려 연계성	왕건이 세운 고려는 고주몽이 세운 고구려와 이름만 비슷할 뿐 이어받은 나라가 아니다.	5세기부터 고구려는 고려라는 이름을 썼고 왕건이 고구려 수도인 평양을 서경이라고 부르며 북진 정책을 추진했다. 고구려 땅을 되찾으려는 정책이다.
발해 뿌리	발해는 중국 소수 민족인 말갈족이 세운 나라이므로 중국 지방 정권이다.	고구려는 원래 다민족 국가이고, 발해는 고구려 유민이 세운 나라이다.

 탐구하기 중국이 동북공정에서 내세우는 논리는 무엇인가요?

탐구 2 ➮ 일본 역사 왜곡, 독도

　독도는 울릉도에 딸린 섬으로 신라 지증왕 때 이사부 장군이 우산국을 정복하면서 신라 영토로 편입되었다. 또 조선 숙종 때 일본 사람이 독도를 침범하자 안용복이 일본으로 건너가 우리나라 영토임을 문서로 확인받아 왔다. 고종 때는 이범윤을 간도 관리사로 파견하면서 울릉도와 독도도 함께 관할하게 했다.

　대한민국 정부가 수립되면서 독도는 경상북도 울릉군 울릉읍 도동리 산 42~76번지가 되었고, 지금은 울릉군 울릉읍 독도리 산 1~96번지이다.

　1953년 홍순칠을 비롯한 울릉도 주민 45명이 '독도 의용 수비대'를 만들어 독도에 상륙하려는 일본인을 막아냈다. 대한민국 국회는 독도를 지켜내기로 결의했고, 1956년 12월부터는 대한민국 경찰이 경비 임무를 맡고 있다.

　하지만 일본은 러·일 전쟁을 틈타 1905년 독도를 다케시마라고 부르며, 자기 영토에 편입했다. 그리고 지금까지도 시마네현에 속하는 독도를 한국이 불법으로 차지했다고 주장한다. 2005년 일본 시마네현 의회는 100년 전 독도를 일본 영토로 편입시킨 날짜인 2월 22일을 '다케시마의 날'로 정하는 조례안을 통과시켰다. 일본 우익 단체도 독도 반환 운동을 벌이고 독도가 일본 영토라는 교과서를 만들고 있다.

　일본이 끊임없이 독도를 자기 영토로 왜곡해 주장하고, 분쟁 지역으로 만들려는 의도는 독도가 사람이 살기에는 부적합하지만 자원이 풍부하기 때문이다. 독도 주변 해역은 수산 자원이 풍성한 황금 어장이자 주변국 군사 상황을 쉽게 파악할 수 있는 위치이다. 또 독도 주변 해역에는 '하이드레이트'라는 천연 가스층이 있다. '하이드레이트'란 메탄이 주성분인 천연 가스가 얼음처럼 고체화된 상태를 말한다.

　우리 중앙 정부는 일본 주장을 상대조차 해주지 않는 무시 전략을 사용하고 있다. 일본이 독도를 분쟁 지역으로 몰고 갈 수 없도록 하려는 전략이다. 그러나 민간 단체나 지방 정부는 적극 대응하고 있다. 사이버 외교 사절단인 '반크'는 독도가 우리나라 땅이라는 캠페인을 전 세계를 상대로 벌이고 있으며, 동해를 일본해라고 하거나 독도를 일본 영토로 표기한 다른 나라 지도를 바로잡는 활동을 활발하게 벌이고 있다. 또 경상북도 의회는 2005년 6월 9일, 10월을 '독도의 달'로 히는 조례안을 통과시켰다.

 탐구하기　일본이 독도를 마음대로 자기 영토로 편입시킨 해는 언제인가요?

탐구 3 ― 일본 역사 왜곡, 교과서

일본 교과서 역사 왜곡은 1982년에 시작되었다. 일본 문부성(교육을 담당하는 일본 정부 부처)이 일본 '침략'을 '진출'로, '탄압'을 '진압'으로, '출병'을 '파견'으로 교과서에 쓰도록 지시한 사실이 드러나면서부터이다. 한국과 중국이 격렬하게 반발하면서 한·일, 중·일 간 외교 문제를 일으켰다. UN을 비롯한 국제 사회에서도 관심을 갖게 되자 일본은 한발 물러나 한국과 중국 등 주변국 의견을 적극 배려하겠다는 새로운 교과서 검정기준을 발표했다.

그러나 1997년 우익 단체인 '새로운 역사교과서를 만드는 모임(새역모)'이 새 교과서를 만들었다. '난징 대학살'을 '난징 사건'으로 바꾸고, '일본군 위안부'를 '위안부'라고 써서 일제 만행을 축소하려고 했다. 이 교과서가 2002년 중학교 역사교과서로 인정되면서 한국과 중국이 일본에 수정할 것을 요구했지만 받아들이지 않았다.

일본 고교 교사용 역사 자료에 실려 있는 4세기말 한반도 남부

2006년 아베 정권이 들어서면서 정부가 교과서 내용을 바꿀 수 있도록 법을 고쳤다. 그러자 식민 지배와 침략을 부정하거나 교묘하게 왜곡한 교과서가 쏟아져 나왔다. 태평양 전쟁을 일본 우익이 사용하는 '대동아 전쟁'으로 쓰거나 '일본이 식민 지배를 해서 조선 사회가 좋아졌다.'고 기록했다. 일본교육학회도 교과서는 정부 정책을 홍보하는 도구가 아니라며 비판했지만, 교과서 내용은 바뀌지 않았다.

2015년에는 일본군 위안부에 대한 설명을 '연행' 대신 '모집', '끌려갔다' 대신 '보내졌다'는 표현을 쓰는 등 강제성을 희석시켰다. 그리고 '임나일본부설'도 교과서에 포함시켰다. 4세기 후반 왜가 가야 땅인 임나에 '일본부'라는 관청을 설치해 한반도를 지배했다는 내용이다. 2010년 한·일 역사학자 모임에서 임나일본부설은 근거가 없으므로 교과서에서 삭제하기로 했으나 삭제되지 않았다.

2018년에는 독도가 일본 영토라는 내용을 넣어 학습지도요령을 개정했다. 학습지도요령은 교과서를 만들거나 학교에서 수업할 때 반드시 따라야한다. 따라서 '독도는 일본 땅'이란 주장을 초·중·고교 학생에게 의무적으로 교육하게 됐다.

 탐구하기 | 왜가 가야 땅 임나에 '일본부'를 설치해 한반도를 지배했다는 주장은 무엇인가요?

해석 1 ∽ 중국은 왜 동북공정을 끊임없이 할까?

동북공정은 5년 동안 중국 정부가 1,800만 위안(약 27억 원)을 지원한 국가 중점 사업이다. 동북공정은 2007년에 끝났지만 많은 연구 결과물이 계속 출판되어 중국 사람에게 잘못된 역사 인식을 심어주고 있다. 그렇다면 왜 중국은 동북공정을 끊임없이 할까?

첫째, 소수 민족 독립을 막기 위해서다.

중국에는 한족과 55개나 되는 소수 민족이 살고 있다. 소수 민족 중에는 티베트나 위구르족을 비롯해 중국에서 독립하려는 민족도 있다. 비록 수가 적은 민족이라도 독립하기 시작하면 중국 전체가 무너질 수 있다. 그래서 '여러 민족이지만 중국이라는 한 나라다.'라고 주장하는 것이다.

둘째, 조선족 이탈을 막기 위해서다.

1992년에 한중 수교가 이루어지자 많은 조선족이 코리안 드림을 꿈꾸며 우리나라로 몰려왔다. 국회에서도 조선족을 한국인으로 인정하는 법을 만들려고 했다. 조선족이 우리나라에 흡수되면 조선족이 살고 있는 동북 3성도 우리나라에 편입될 수 있다는 불안감을 가졌다. 그래서 조선족이 살고 있더라도 중국 땅이라는 인식을 심어주려고 했다.

셋째, 영토 분쟁을 막기 위해서다.

간도는 고종 때 이범윤을 보내 다스린 우리 땅이다. 1909년에 일본이 남만주 철도 부설권 등을 얻는 대가로 '간도 협약'을 맺고 중국에 넘겨주었다. 우리나라가 일제와 청나라 사이 맺은 조약이므로 무효라고 주장하면 영토 분쟁이 일어나게 된다. 그래서 중국은 간도 지역을 중국 역사로 만들려고 하는 것이다.

넷째, 북한에 영향을 미치기 위해서이다.

고구려와 발해를 중국 역사라고 하면 북한도 중국 지방 정부라고 생각할 수 있게 된다. 이를 바탕으로 북한과 친밀감을 높이고 북한이 중국에 더 많이 의지할 수 있도록 하려는 것이다.

해석하기 중국이 동북공정을 하는 가장 큰 까닭은 무엇인가요?

해석

해석 2 — 일본은 왜 사죄하지 않을까?

일본은 제2차 세계 대전이 끝나고 오랜 시간이 지난 지금까지도 식민 지배와 전쟁으로 주변국에 입힌 피해에 대한 사과와 제대로 된 배상을 하지 않고 있다. 이와 달리 독일은 전범을 끝까지 추적해 처벌하고 수차례에 걸쳐 피해국과 피해자에게 배상을 했다. 잘못된 역사를 되풀이 하지 않기 위해서는 철저하게 반성해야 한다고 여기기 때문이다.

하지만 일본은 사과와 배상을 하지 않음으로써 둘레 국가와 갈등을 빚고 있는데도 잘못을 인정하지 않고 있다. 왜 일본은 진심어린 사과와 배상을 하지 않는 것일까?

첫째, 천황제가 남아있기 때문이다.

일제는 제2차 세계 대전을 천황을 위한 성스러운 전쟁이라고 불렀다. 제2차 세계 대전에서 승리해 일본을 점령한 미국은 통치를 쉽게 하려고 천황제를 그대로 두었고 일왕에게 전쟁 책임을 묻지 않았다. 일본 사람도 왕에게는 전쟁 책임이 없다고 생각했다. 오히려 원폭 피해를 입었다며 피해 국가라고 주장하기도 한다. '사과는 천황을 모욕하는 일'이라고 여기기 때문이다.

둘째, 강한 일본을 만들려는 욕심 때문이다.

일본은 군대를 만들 수 없고 공격받지 않는 한 먼저 전투를 벌일 수도 없다고 헌법에 명시되어 있다. 자위대라는 무장 부대가 있지만 군대가 아니라서 해외 파병도 할 수 없다. 그러나 일본 정부는 끊임없이 군대를 가질 수 있는 헌법으로 바꾸려고 한다. 그래서 사과를 하면 전쟁 책임을 인정하게 되고 군대를 만드는 일도 어려워지기 때문이다.

셋째, 배상해야 하는 대상이 너무 많기 때문이다.

일제는 수많은 토목 공사와 광산 개발, 그리고 군수 물자 공장에 우리나라 노동자를 강제로 동원했으며, 우리나라에서 농산물과 광물 등 많은 자원을 수탈해갔다. 그러나 아직도 제대로 된 임금 지급이나 희생자에 대한 배상이 이루어지지 않고 있다. 사과를 하면 배상을 해야 하는데, 금액이 감당할 수 없을 만큼 엄청나기 때문이다.

일본은 처음부터 제대로 된 사과를 하지 않았고 지금까지도 일제 강점과 전쟁을 미화하는 역사관으로 교과서를 왜곡하고 독도를 자기 땅이라고 우기고 있다.

> **해석하기** 일본이 진심어린 사죄를 하지 않는 까닭은 무엇인가요?

살아있는 **역사** · 재미있는 **논술**

역사 토론

역사 왜곡이나 독도 문제를 해결하는 데 있어서 가장 큰 문제점은 무엇일까?

[토론 내용] 중국은 동북공정을, 일본은 역사 왜곡과 독도 문제를 일으키고 있지만 해결되지 않고 있다.

 토론 **1. 정부가 적극 나서지 않기 때문이다.**

중국과 일본은 오랫동안 동북공정과 역사 왜곡, 독도 문제를 준비해왔지만 우리 정부는 역사 왜곡 사건이 터질 때만 우려를 나타내거나 항의를 했을 뿐이다. 제대로 된 대응 방법을 찾는 노력을 하지 않았다.

 토론 **2. 국민이 관심을 꾸준히 보이지 않기 때문이다.**

중국이 고구려 역사를 왜곡한 동북공정이 알려지자 고구려 역사를 제대로 알리는 움직임이 일어나고 서명 운동을 벌이기도 했다. 일본이 역사 왜곡이나 독도 문제를 일으키면 활발한 토론이 이루어지고, 많은 사람이 항의를 한다. 그러나 시간이 지나면 관심은 점점 줄어들어 버린다.

 토론 **3. 해결 방법이 없기 때문이다.**

역사를 연구하는 단체를 만들고, 드라마나 영화로 만들어 널리 역사를 알려도 중국과 일본이 철저하게 준비해 벌이는 역사 왜곡이나 독도 문제를 쉽게 해결할 수는 없다. 나라 사이에 경제나 외교가 얽혀 있기 때문에 관계를 끊어버리거나 전쟁을 할 수도 없다. 항의하는 정도로는 문제를 해결할 수 없다.

 토론 **4. 지나간 역사는 중요하지 않다고 생각하기 때문이다.**

중국이나 일본이 역사 왜곡을 해도 우리나라는 제대로 대응할 만큼 연구를 해오지 못했다. 지나간 역사보다는 현실 문제에 더 관심이 많기 때문에 역사 왜곡에 대한 해결 방법을 찾지 못하고 있다.

[토론하기] 역사 왜곡이나 독도 문제를 해결하는 데 있어 가장 큰 문제점은 무엇일까요? 자기 생각을 밝히고, 그 까닭을 쓰세요.

○ 다음 글을 읽고, 야스쿠니 신사에 합사되어 있는 한국인에 대해 생각해 봅시다.

야스쿠니 신사에 합사된 한국인 영혼

▲ 야스쿠니 신사

일본에 있는 야스쿠니 신사(神社)는 일본이 벌인 전쟁으로 천황을 위해 죽은 이를 신으로 모시기 위해 만들었고 일본군이 직접 관리했다. 전쟁에서 희생된 일본군은 약 250만 명인데 모두 야스쿠니 신사에 함께 모시는 합사를 해놓았다. 아시아 해방과 천황을 위한 성스러운 전쟁에서 죽었으니 군신(軍神)이 되었다며 영광스럽게 생각하라고 선전했다. 일제가 벌인 침략 전쟁을 이끈 A급 전쟁 범죄자도 합사되어 있기 때문에 일본 총리나 정치인이 참배를 하면 둘레 나라로부터 큰 비난을 받는다.

그런데 희생된 한국인 2만여 명도 야스쿠니 신사에 합사되어 있다. 천황을 위해 죽은 것도 아닌데 유족 동의도 받지 않고 전범과 함께 합사했다. 강제 동원되었을 뿐인데 전범 취급을 받게 되었다. 합사 사실을 알고 항의하는 유족과 후손에게 일본은 '일본 군인으로 나가 전사했고, 죽으면 야스쿠니 신사에 혼령이 모셔질 것이라는 마음으로 싸웠으며, 일본에 협력해 전쟁에 나갔으니 야스쿠니 신사에 모시고 제사를 올리는 것이 당연하다.'며 거절했다.

야스쿠니 신사에서 이름을 빼기 위해 한국인 희생자 유족은 아직까지도 소송을 하고 있다.

생각열기 **1.** 일본 총리를 비롯한 정치인은 둘레 국가 비난에도 왜 야스쿠니 신사에 참배를 하는 것일까요?

2. 일본이 야스쿠니 신사에 합사되어 있는 한국인 이름을 빼주지 않는 이유는 무엇일까요?

14 남북 관계와 남겨진 과제

학습 목표

❶ 통일을 위한 정부의 노력을 파악할 수 있다.
❷ 우리가 풀어야 할 과제가 무엇인지 알 수 있다.

▲ 7·4 남북 공동 성명

탐구 1 ➡ 통일을 위한 노력

　6·25 전쟁이 끝난 후 남과 북은 완전히 단절되었다. 이승만과 김일성은 적개심과 전쟁에 대한 공포심을 부추겨 장기 독재를 이어갔다. 통일 운동은 이승만 독재 정권이 무너진 다음부터 시작되었다.

장면 정부 대학생을 중심으로 '가자 북으로! 오라 남으로!'라는 구호를 외치며 남북 학생 회담을 열자고 주장했다. 그리고 유엔 감시 아래 남북 총선거와 중립 정부를 수립하는 통일론도 제기되었다.

박정희 정부 1970년대 초 미국과 소련, 미국과 중국 사이가 좋아지면서 미국 대통령 닉슨은 아시아에 대한 냉전을 완화하는 외교를 펼치겠다는 '닉슨 독트린'을 발표했다. 남과 북 사이에도 대화가 시작되었다. 이산가족 상봉을 위한 남북 적십자 회담을 시작으로 자주·평화·민족 대단결이라는 통일 3대 원칙에 합의했다. 이 합의를 서울과 평양에서 '7·4 남북 공동 성명'으로 동시에 발표했다.

7·4 남북 공동 성명 내용 요약

1. 통일은 외세에 의존하거나 외세의 간섭을 받지 않고 자주적으로 해결해야 한다.
2. 통일은 상대를 반대하는 무력행사에 의거하지 않고 평화적 방법으로 실천해야 한다.
3. 사상과 이념, 제도의 차이를 초월하여 하나의 민족으로서 민족적 대단결을 도모해야 한다.

전두환 정부 1984년 남한에 큰 홍수가 나자 북한이 구호 쌀을 보내주면서 남북 대화가 시작되었다. 이산가족 고향 방문과 예술 공연단을 교환했으나 일회성으로 그쳤다. 1987년 민주화가 이루어지자 민간 차원에서 통일 운동이 활발해졌다.

노태우 정부 1991년 남북 총리급 회담을 열어 '남북 기본 합의서'를 채택하고, 남북이 동시에 유엔에 가입했다. 남북 기본 합의서는 남북이 서로를 인정하고 침략하지 않겠다는 첫 공식 약속이다.

김영삼 정부 1994년 '3단계 통일 방안'을 제안했다. 1단계는 화해 협력, 2단계는 남북 연합, 3단계는 1민족 1체제로 한민족 공동체를 완성하는 통일 방안이다.

김대중 정부 대통령 취임식에서 남북 기본 합의서를 이행하겠다는 뜻을 밝혔다. 남북한 긴장 관계를 완화시키기 위해 대북 화해 협력 정책(햇볕 정책)을 추진했다. 또 현대 그룹 정주영 회장이 소 1천 1마리를 보내면서 남북 경제 협력이 본격화되었다. 금강산 관광도 시작되었다.

　2000년 3월 베를린을 방문한 김대중 대통령은 '한국 정부는 북한이 경제적 어려움을 극복할 수 있도록 도와줄 수 있는 준비가 되어 있다.'며 한반도 평화 정착과 남북 통일을 위해 정상 회담을 하자는 '베를린 선언'을 발표했다. 6월 13일에 평양을 방문한 김대중 대통령이 김정일 국방위원장과 첫 남북 정상 회담을 한 다음 '6·15 남북 공동 선언'을 발표했다.

남북으로 끊어진 도로와 철도를 잇는 공사가 시작되었고, 남북 이산가족 방문이 재개되었다. 부산에서 열린 아시안 게임과 대구에서 열린 유니버시아드 대회에 공식 응원단이 함께 했으며 농민, 예술, 사회, 문화 단체가 오가며 교류했다.

6·15 남북 공동 선언 요약

1. 나라의 통일 문제를 우리 민족끼리 서로 힘을 합쳐 자주적으로 해결해 나가기로 하였다.
2. 통일을 위한 남측은 연합제, 북측은 낮은 단계의 연방제 안이 서로 공통성이 있다고 인정하고, 이 방향에서 통일을 지향하기로 하였다.
3. 이산가족 방문단을 교환하며, 비전향 장기수 문제를 해결하는 등 인도적 문제를 조속히 풀어 나가기로 하였다.
4. 경제 협력을 통해 민족 경제를 균형적으로 발전시키고, 사회·문화·체육 등의 협력과 교류를 활성화하여 서로의 신뢰를 다져 나가기로 하였다.

노무현 정부 2007년 10월 평양을 방문해 김정일 국방위원장과 제2차 남북 정상 회담을 열고 '10·4 남북 관계 발전과 평화 번영을 위한 선언'을 채택했다. 남과 북이 평화 체제를 구축하고 종전 선언을 추진하기로 했다.

그러나 이명박과 박근혜 정부에서는 남북 관계가 냉각되었다. 금강산과 개성 관광이 중단되었고, 개성 공단도 폐쇄되었다.

문재인 정부 2018년 4월 27일 문재인 대통령과 김정은 국무위원장이 판문점에서 정상 회담을 열고 비핵화를 통한 평화 체제 구축을 주요 내용으로 하는 '판문점 선언'을 채택했다. 두 정상은 연설을 통해 '한반도에서 더 이상 전쟁이 없을 것이며, 남과 북이 평화를 위해 노력하겠다'는 의지를 보여 주었다.

한반도에서 전쟁 위험을 해소하기 위해 상대방에 대한 적대 행동을 전면 중지하기로 했다. 또 핵 없는 한반도를 실현하기 위해 책임과 역할을 다하기로 했다.

 탐구하기

1. 2000년 6월, 처음으로 남북 정상 회담을 한 남북 지도자는 누구인가요?

_____

2. 2018년 4월, 남북 정상이 평화 체제 구축을 내용으로 발표한 선언은 무엇인가요?

_____

탐구2 → 우리 사회가 풀어가야 할 과제

우리 사회가 풀어가야 할 과제는 남북 관계 이외에도 양극화, 저출산, 고령화, 지역 갈등 등이 있다.

양극화 사회 양극화는 소득 수준 등에서 상층과 하층 사이에 간격이 커지는 현상을 말한다. 양극화는 직업과 재산, 지위가 일부에게만 독점되면서 발생한다. 우리나라는 상위 10%와 하위 10% 사이에 소득 격차가 10배 이상이다. 양극화가 심해지면 저소득층과 고소득층 사이에 위화감이 조성되고, 사회가 혼란에 빠지게 된다. 이런 혼란을 막기 위해서 소득이 많을수록 더 많은 세금을 내는 누진세 제도나 저소득층을 지원하는 사회 보장 제도를 많이 만들고 있다.

저출산 사회 우리나라는 1984년에 평균 출산율이 2.1명 이하인 저출산 국가, 2001년에는 1.3명 이하인 초저출산 국가가 되었다. 2018년에는 1명 이하로 떨어졌다. 출산율이 낮아지는 까닭은 결혼 연령이 높아지고 고용 불안 등으로 육아에 대한 부담이 증가해 출산을 꺼리기 때문이다. 저출산 현상을 해결하기 위해서 정부는 출산 장려금, 아동 수당, 무상 교육 확대 같은 제도를 마련하고 있다.

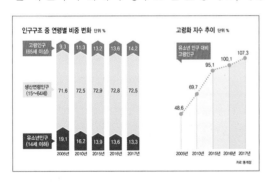

고령화 사회 65세 이상 인구 비율이 전체 인구 7%가 넘으면 고령화 사회라고 한다. 우리나라는 2000년에 약 7.3%로 고령화 사회가 되었다. 2018년에는 약 14.3%로 늘어났다. 고령화 사회는 경제 활동을 약화시켜 생산성 감소와 노인 빈곤으로 이어진다. 고령화 사회로 인한 문제를 해결하기 위해 노령 연금과 국민 연금 제도를 비롯한 사회 보장 제도를 확대하고 있다.

지역 갈등 수도권과 비수도권, 도시와 농촌 사이에 소득, 재산, 교육, 문화 시설 등에서 오는 차이가 크다. 이로 인해 수도권에만 인구가 집중되어 지역 사이에 불균형이 커지고 있다. 그래서 수도권에 있는 공공 기관이나 대기업, 대학 등을 지방으로 분산하는 정책을 추진하고 있다. 또 지역별로 적합한 산업을 육성하고 있다.

🔍 **탐구하기** 양극화로 인해 나타난 부작용은 무엇인가요?

해석 1 ☞ 분단을 유지하는 데에도 많은 돈이 든다

우리는 많은 돈이 든다는 이유로 통일을 두려워한다. 하지만 분단 상태를 유지하는 데에도 엄청난 돈이 든다. 이 돈을 분단 유지 비용이라고 한다.

분단 유지 비용은 크게 국방비, 외교비 그리고 눈에 보이지 않는 비용으로 나눌 수 있다.

첫째, 국방비이다.

2017년 한 해 동안 남한이 쓴 국방비는 40조 3천억 정도이다. 우리나라 1년 전체 예산 가운데 10분의 1 정도이다. 군인을 먹이고, 입히고 월급에 쓰인 비용만 19조 4천 억 원 정도라고 한다.

또 60만 명이나 되는 청년이 학업이나 생산 활동을 중단하고 군인으로 복무하고 있다. 부상이나 사망 위험에 노출되는 것은 물론이고 대한민국 남자라면 어릴 때부터 군대에 가야한다는 공포에 시달린다. 이 비용은 국방비로 계산되지 않는 큰 추가 비용이다.

둘째, 외교비이다.

국제 사회에서 남북한이 서로 외교관을 파견해 외교 활동을 벌이는 비용이다. 대사관을 설치하고 외교관을 파견하며 서로 우위에 서기 위한 선전 활동 그리고 외국과 맺는 수교 활동 등에 쓰는 비용을 말한다.

셋째, 간접 비용이다.

눈에 보이지도 않고 계산할 수도 없는 비용을 말한다. 전쟁에 대한 공포, 휴전 중이라서 위험하다는 국제 이미지로 투자나 여행을 꺼리는 문제, 이산가족 문제 등 분단으로 생긴 어려움은 너무 많다. 이 어려움을 비용으로 계산하면 국방비와 외교비를 훨씬 능가한다.

이 비용을 줄이기 위해서 남북한은 교류와 협력, 그리고 격차를 완화시키는 노력을 해야 한다. 분단 유지 비용을 평화와 통일을 위한 비용으로 바꾸어 소모가 아닌 투자로 만들어야 한다.

> **해석하기** 분단 유지 비용을 줄이는 가장 좋은 방법은 무엇일까요?

해석 2 ⊸ 레드 콤플렉스(Red Complex)

레드 콤플렉스는 '적색 공포증'이라고도 하며 공산주의에 대한 반감으로 진보 사상이나 진보 정치에 대한 혐오감을 드러내는 것을 비롯해, 빨간색이라는 색깔까지 반감을 가지는 극단 반공주의를 말한다. 또 공산주의에 대한 과장된 공포심과, 그 공포심을 바탕으로 한 인권 탄압을 정당화하는 심리까지도 포함한다.

6·25 전쟁을 겪은 우리나라는 남과 북이 대치한 현실 속에서 이승만 정권 이후 군부 독재 시절까지 철저한 반공 교육으로 '공산주의는 무조건 싫다.'는 의식이 자리 잡았다. '빨갱이'라는 용어는 공산당이 붉은 깃발을 쓰는 것에서 나왔다. 빨갱이는 권력을 잡은 우익 세력이 반대파를 폄하하거나 공격하고, 공산주의 국가인 북한으로부터 사주를 받았다며 탄압하는 빌미로 사용했다. 현재까지도 북한을 추종하는 세력이라는 '종북', 좌익 빨갱이라는 '좌빨' 등 상대를 공격하는 무기로 사용하고 있다. 우리 사회에서 빨갱이로 낙인찍히면 큰 불이익을 당했고, 후손에게까지 죄를 묻는 연좌제로 피해가 이어졌다.

우리나라에서 레드 콤플렉스는 국가보안법이라는 법률로 제정되었으며, 이 법에 의한 탄압은 박정희·전두환 정부 시기 절정에 이르렀다. 노동·인권·통일 운동을 탄압하고 민주화를 요구하는 학생과 시민을 처벌하는 도구로 사용되었다.

1987년 6월 민주 항쟁 이후 레드 콤플렉스가 많이 약해졌다. 하지만 지금도 대통령이나 국회의원 선거 등에서 보수층이 상대를 종북 또는 빨갱이라며 공격한다. 정책이나 공약을 내세우는 것보다 자기편을 더 쉽게 단합시켜 선거에서 표를 많이 얻을 수 있기 때문이다. 레드 콤플렉스는 진보 정당을 억압하고, 진보 정당이 추구하는 분배나 복지 정책을 '빨갱이처럼 퍼주기만 한다.'며 반대 논리로도 사용되고 있다.

앞으로 남북한이 자유로운 교류와 통일을 이루면 레드 콤플렉스도 완전히 사라지게 될 것이다. 레드 콤플렉스가 북한에 대한 무지와 근거 없는 반감에서 시작되었기 때문에 남북 간 화해·협력 시대가 되면 냉전 시대 유물인 레드 콤플렉스에서도 벗어날 수 있다.

 해석하기 레드 콤플렉스를 극복하는 가장 좋은 방법은 무엇인가요?

역사 토론

📍 우리 사회가 풀어야 할 가장 큰 과제는 무엇일까?

[토론 내용] 우리 사회는 남북 관계 개선 이외에도 양극화, 저출산, 고령화, 지역 갈등 등 풀어야 할 여러 가지 문제가 남아 있다.

 1. 양극화 문제이다.

우리나라는 상위 10%와 하위 10% 사이에 소득 격차가 10배 이상이다. 양극화가 심해지면 저소득층과 고소득층 사이에 위화감이 조성되고, 사회가 혼란에 빠지게 된다. 양극화 간극을 좁히지 못하면 사회 갈등이 지속되어 우리 사회가 발전해 나가는 데 걸림돌로 작용할 것이다.

 2. 저출산 문제이다.

우리나라는 지난 2001년부터 1.3명 이하인 초저출산 국가가 되었다. 결혼 연령이 높아지고 고용 불안 등으로 육아에 대한 부담이 증가해 출산을 꺼리고 있다. 저출산 현상을 해결하지 못하면 생산 가능 인구 감소로 이어져 경제 구조에 심각한 문제가 생길 수도 있다.

 3. 고령화 문제이다.

우리나라는 지난 2000년부터 전체 인구 대비 노인 인구 비율이 약 7.1%로 고령화 사회가 되었다. 고령화 사회는 경제 활동을 약화시켜 생산성 감소와 노인 빈곤으로 이어질 수 있다. 고령화 사회를 대비하지 못하면 젊은 세대 부담 증가, 세대 간 갈등, 노인 빈곤 문제 등으로 인해 사회 혼란이 커질 수 있다.

 4. 지역 갈등 문제이다.

우리나라는 전체 인구 절반 이상이 수도권에 살고 있어 일자리, 교육, 문화생활 등이 수도권 중심으로 운영되고 있다. 지방에 살고 있는 사람은 박탈감을, 수도권에 살고 있는 사람은 과밀화로 인한 문제를 겪고 있다. 수도권 집중 문제를 완화하지 못하면 지역 갈등이 더 심해질 수 있다.

[토론하기] 우리 사회가 남북 관계 이외에 풀어야 할 가장 큰 문제는 무엇일까요? 자기 생각을 밝히고, 그 까닭을 쓰세요.

◐ 북한에서 남한으로 온 사람과 어울려 살아갈 방법에 대해 생각해 봅시다.

또 다른 이방인 '탈북자'

탈북자를 부르는 공식 용어는 '북한 이탈 주민'이다. '새로운 터전에서 삶을 시작하는 사람'이라는 뜻으로 '새터민'이라고도 한다.

1996년 이후 국내로 들어온 탈북자는 2018년까지 3만 명을 넘어섰다. 탈북을 하는 까닭은 경제 문제가 가장 많으며, 정치 불안, 남한에 대한 동경, 자녀 교육 등이 주요 요인으로 꼽히고 있다.

탈북자가 남한에 오면 국가정보원에서 조사를 받은 다음, 하나원에서 3개월 정도 정착 교육을 받는다. 교육이 끝나면 정착 지원금으로 1인당 3천만 원 정도를 지원하고 있다. 그러나 탈북자는 편견과 차별, 그리고 경제 문제로 정착에 상당한 어려움을 겪고 있다.

2017년 국가인권위원회가 발표한 조사에 따르면, 절반 가까운 사람이 북한 출신이라는 이유만으로 차별을 받고 있다고 한다. 또한 실업률도 평균보다 두 배나 높으며 대부분 임시직이나 비정규직이라고 한다.

정부에서 여러 가지 지원 제도를 만들어 정착을 돕고 있지만 차별과 경제 문제를 견디지 못해 북한으로 되돌아가거나 제3국으로 떠나는 사람도 많다.

탈북자가 남한에서 잘 살아가기 위해서는 제도나 지원도 중요하지만 인식 변화가 더 중요하다. 탈북자를 외국인이 아닌 우리와 함께 더불어 살아가는 사람으로 대해야 한다.

✂ **생각열기** 탈북자가 남한에서 잘 정착하기 위해 필요한 것은 무엇인지 생각해 써 보세요.

• 단군왕검

하늘을 다스리는 환인에게 받은 천부인 세 개와 풍백, 우사, 운사, 그리고 무리 삼천을 이끌고 태백산 신단수 아래로 내려온 환웅이 곰에서 변한 여자와 결혼해 낳은 아들이다. 평양성에 도읍을 정하고 '널리 인간을 이롭게 한다.'는 홍익인간 정신으로 '조선'이라는 나라를 세웠다.

• 위만

연나라에서 전란을 피해 고조선으로 와 철기 문화를 퍼트리고 임금이 되었다.

• 주몽과 소서노

하늘을 다스리는 해모수와 물을 다스리는 하백 딸인 유화 사이에서 태어났다. 유화를 보살피던 부여 금와왕 아들들과 경쟁했으나 죽이려 하자 졸본으로 가서 연타발 딸인 소서노와 결혼해 고구려를 세웠다.

• 온조와 비류, 그리고 유리왕

주몽이 부여에서 찾아온 아들인 유리에게 왕위를 물려주려 하자 무리를 이끌고 남쪽으로 가서 온조는 한성에, 비류는 미추홀에 나라를 세웠다. 비류가 죽자 온조에게 돌아온 무리를 모아 백제를 세웠다. 주몽을 이은 유리왕은 국내성으로 도읍을 옮겼다.

• 박혁거세와 알영

진한 지방에 여섯 촌장이 나정이라는 우물가에서 흰말이 우는 소리가 나 가보니 박처럼 생긴 알에서 아이가 나왔다고 성을 '박'씨로, 세상을 밝게 다스리라는 뜻으로 이름을 '혁거세'로 지었다. 세 살이 되자 알영과 결혼시키고 '사로국'을 세워 왕과 왕비로 모셨다. 사로국이 '신라'가 되었다.

• 석탈해

용성국 함달파 왕이 왕비가 알을 낳자 버리라고 했으나 왕비가 돌함에 넣고 태워 보낸 배가 신라에 닿았다. 그가 철을 잘 다룬다는 소문이 퍼지자 남해 차차웅이 사위로 삼았다. 남해를 이은 유리이사금이 죽자 이어서 신라 임금이 되었다.

• 김알지

호공이 시림 숲에서 닭 울음소리를 듣고 발견한 궤짝에서 나온 아들로 탈해이사금이 궁으로 데려와 이름을 '알지', 성을 '김'으로 붙여 왕자로 삼았다. 발견한 숲은 닭이 울었다고 해서 계림이라고 불렀고, 김알지로부터 17대 후손인 내물마립간부터는 김씨가 왕위를 이어갔다.

• 김수로와 허황옥

김해 구지봉에서 많은 사람이 모여 '거북아, 거북아 머리를 내어라'라며 노래를 부르자 하늘에서 황금궤짝이 내려왔고, 궤짝에는 알 여섯 개가 들어있었다. 알에서 가장 먼저 나온 김수로가 금관가야를 세웠으며, 인도에서 온 허황옥과 결혼했다. 나머지 알에서 나온 다섯 아이도 다섯 가야를 각각 세웠다.

• 근초고왕

백제 임금으로, 영토를 발해만과 산둥반도까지 넓히고, 중국 문화를 받아들여 백제 문화를 더욱 발전시켰다. 왜에 아직기와 왕인을 보내 문화를 발전시키는 데에 크게 기여했고, 백제 전성기를 이끌었다.

• 광개토 대왕

열여덟 살에 왕위에 오른 광개토 대왕은 연호를 '영락'으로 정하고 남쪽으로는 백제를 공격해 아신왕으로부터 항복을 받고 북쪽으로는 거란과 후연을 밀어냈다. 고조선 영토인 현토성과 요동성을 되찾았다. 또 남쪽으로는 임진강, 북쪽으로는 송화강, 서쪽으로는 요하까지 영토를 넓혔다.

• 장수왕

광개토 대왕을 이은 장수왕은 평양으로 도읍을 옮기고 남진 정책을 추진했다. 백제 도읍인 한성을 차지해 남쪽으로 충주까지 영토를 넓히고 충주고구려비를 세웠으며, 국내성에는 아버지를 기리는 광개토 대왕릉비를 세웠다.

• 무령왕

고구려 공격으로 개로왕이 죽자 웅진으로 도읍을 옮겨 백제를 되살린 왕이다. 굶주리는 백성을 구제하고 고구려 침입을 막아냈다. 중국에 양나라와 왜로 무역길을 열어 백제를 되살렸다. 무령왕릉이 온전한 채로 발견되어 백제 문화를 알려주고 있다.

• 진흥왕과 성왕

신라 진흥왕은 백제 성왕과 손을 잡고 한강 유역에서 고구려를 몰아낸 다음, 한강 상류는 신라, 한강 하류는 백제가 차지하기로 했다. 그러나 신라가 백제군을 몰아내고 한강 하류까지 차지하자 나·제 동맹이 깨지고 전쟁이 일어났다. 신라와 싸우는 왕자를 격려하러 가던 성왕은 신라군 매복에 걸려 죽임을 당했다. 진흥왕은 넓어진 영토를 돌아보고 북한산, 마운령, 황초령, 창녕에 순수비를 세웠다.

• 을지문덕

중국을 통일한 수나라 문제가 100만이 넘는 대군을 이끌고 고구려를 쳐들어오자 을지문덕은 수나라 군대를 평양성 앞까지 끌어들여 지치게 한 다음, 살수에서 무찔렀다. 수나라가 여러 차례 쳐들어왔으나 모두 물리쳤다. 무리한 고구려 원정으로 국력을 잃은 수나라는 결국 멸망했다.

• 선덕 여왕과 김춘추

우리 역사에서 처음으로 여왕이 된 선덕 여왕은 천문을 살피기 위해 첨성대를, 불교를 발전시키기 위해 백제 장인 아비지를 초청해 황룡사에 9층 목탑을 세웠다. 또 김춘추에게 외교를 맡겨 둘레 나라와 관계를 든든히 했다. 선덕 여왕을 이은 진덕 여왕도 자식 없이 죽자 뒤를 이은 김춘추가 백제를 무너뜨리고 삼국 통일을 위해 나아갔다.

• 계백과 관창

신라와 당나라가 손을 잡은 후 백제를 무너뜨리기 위해 김유신이 신라군 5만을 이끌고 쳐들어오자 계백이 5천 결사대를 이끌고 황산벌에서 맞서 싸웠다. 신라군이 번번이 패했으나 관창이 홀로 달려가 장렬히 전사하자 신라군 사기가 높아져 결국 승리했고, 계백과 결사대는 모두 전사했다.

• 연개소문

고구려 대막리지가 되어 당나라 군대를 물리치기 위해서 요하를 따라 여러 성을 잇는 천리장성을 쌓았다. 쳐들어온 당나라 군대를 양만춘과 함께 안시성에서 물리치고 고구려를 강한 나라로 만들었다. 그러나 연개소문이 죽고 난 뒤 그의 동생과 아들들이 권력다툼을 벌이면서 고구려는 멸망했다.

• 김유신과 문무왕

금관가야 출신인 김유신은 강력한 군대를 이끌고 전쟁에 나가 언제나 승리했다. 백제를 무너뜨린 다음에는 김춘추(태종 무열왕)를 이어 왕위에 오른 문무왕을 도와 고구려를 공격해 무너뜨렸다. 문무왕은 김유신에게 태대각간이라는 벼슬을 내렸다. 그리고 동해로 쳐들어오는 왜구를 용이 되어 막겠다고 한 유언에 따라 감포 앞바다에 수중릉을 만들었다.

• 원효와 의상

신라 승려로, 함께 당나라로 가다가 밤을 보낸 동굴에서 먹은 물이 해골바가지에 고인 것임을 알게 된 원효는 '모든 것은 마음에 달렸다.'며 되돌아와 불교를 널리 알렸다. 반면 의상은 당나라로 건너가 화엄 사상을 공부하고 돌아왔다. 원효는 신륵사, 의상은 부석사를 비롯한 많은 절을 지어 불교를 발전시켰다.

• 대조영

당나라 땅 영주성에서 살던 고구려 유민이다. 거란족 이진충이 난을 일으키자 말갈 사람과 고구려 사람을 이끌고 탈출해 천문령에서 당나라군을 물리친 다음, 동모산에 도읍을 정하고 발해를 세웠다.

• 혜초

신라 승려로, 당나라에 유학을 갔다가 인도 땅에 있는 다섯 천축국을 여행하고 파미르 고원, 티베트를 지나서 당나라로 돌아온 여행기인《왕오천축국전》을 지었다. 우리나라 사람이 쓴 첫 여행기이다.

• 장보고

남해 바닷가에 살다가 당나라로 건너가 반란을 진압한 공으로 장보고라는 이름과 무령군 소장 벼슬을 얻었다. 그러나 신라 사람이 노예로 팔려오는 것을 보고 신라로 돌아와 완도에 청해진을 세우고 해적을 무찔렀다. 그런 다음 무역을 번창시켜 해상왕이라고 불렸다.

• 궁예

신라 왕자였으나 어릴 때 버려져 세달사에서 수도하다 백성을 구하겠다는 마음으로 송악에서 후고구려를 세웠다. 황해도와 경기도, 강원도를 차지한 다음, 전라도 나주까지 차지하고 철원으로 천도했으나 왕건이 일으킨 반란으로 쫓겨났다.

• 견훤

상주 호족 아자개 아들로, 서남해를 다스리는 벼슬을 받자 전주에서 후백제를 세웠다. 그러나 큰아들이 반란을 일으켜 금산사에 갇혔다가 탈출해 왕건에게 항복했다. 이 후 큰아들을 무찌르고 자기가 세운 나라도 무너뜨렸다.

• 왕건

궁예와 손잡고 후고구려를 세웠으나 궁예가 점점 포악해지자 몰아내고 고려를 세웠다. 신라로부터 항복을 받고 후백제를 무너뜨린 다음 후삼국을 통일했다. 후대 왕이 꼭 지켜야 할 나라를 다스리는 열 가지 방안을 정한 '훈요십조'를 남겼다.

• 광종

고려 네 번째 임금으로, 억울하게 노비가 된 사람을 양민으로 되돌리는 노비안검법과 벼슬에 따라 옷을 다르게 입는 사색 공복제, 시험으로 관리를 뽑는 과거제를 실시해 왕권을 강화시켰다.

• 서희와 강감찬

서희는 고려로 쳐들어온 거란 장수 소손녕과 담판을 벌여 전쟁을 막고 강동 6주를 얻었다. 시간이 지난 뒤 강동 6주 반환을 요구하며 거란 장수 소배압이 다시 쳐들어오자 강감찬이 귀주에서 크게 물리쳤다.

• 묘청과 김부식

이자겸이 일으킨 난으로 궁궐이 불타고 왕권이 약해지자 묘청은 개경은 기운이 다했다며 서경 천도를 추진했다. 이를 개경 귀족이 반대하자 서경에서 군사를 일으켰다. 그러나 김부식이 이끄는 진압군에 패하여 서경 천도 운동은 실패했다. 권력을 잡고 있던 김부식은 벼슬에서 물러난 뒤에 우리나라 역사책인《삼국사기》를 썼다.

• 경대승

문신에게 천대받던 무신이 정중부를 중심으로 일으킨 무신 정변으로 권력을 잡고 폭정을 일삼았다. 경대승이 정중부 일파를 죽이고 권력을 잡고, 문신을 잘 대우하며 나라를 안정시켰으나 병으로 일찍 죽었다. 그 뒤 이의민, 최충헌으로 이어지는 무신 정권이 100년간 이어졌다.

• 만적

최충헌 집 노비였으나 천민이었던 이의민이 권력을 잡는 것을 보고 '왕후장상은 씨가 따로 없다.'라며 개경에서 노비를 모아 반란을 일으키려 했다. 그러나 사전에 발각되어 많은 노비와 함께 처형되었다.

• 일연

임금에게 불교를 가르치는 왕사가 되었다가 나라에서 받드는 국사가 되었다. 이후 자리에서 물러나 전해오는 이야기와 향가 등을 담은 역사책인 《삼국유사》를 지었다.

• 공민왕과 신돈

원나라에 살다가 돌아와 임금이 되었지만 옷과 나라 제도 등을 고려식으로 바꾸고 원나라 황후가 된 누이를 믿고 권세를 휘두르는 기철을 죽이고 쌍성총관부를 탈환했다. 신돈을 등용해 전민변정도감을 설치하고 억울하게 노비가 된 사람을 풀어주고 빼앗긴 땅을 되찾아 주었다.

• 최무선

광흥창사인 아버지가 왜구 때문에 세곡선이 약탈당한다고 안타까워하는 것을 보고 화약을 만들기로 결심하고 원나라 사람 이원에게 화약 기술을 배웠다. 화통도감에서 만든 화포와 화약으로 진포에서 왜구 배 500여 척을 쳐부수었다.

• 정몽주와 정도전

성균관에서 성리학을 배운 신진 사대부로, 나라 제도를 개혁해 백성을 편히 살게 하고자 했다. 그러나 고려 개혁에는 뜻을 같이했지만 방법은 달랐다. 정몽주는 고려를 유지한 개혁을, 정도전은 새 나라를 세우려 하면서 대립했다. 정몽주는 선죽교에서 죽임을 당했지만 정도전은 한양도성과 궁궐을 설계하고 새로운 나라 기틀을 세워 조선 건국에 큰 공을 세웠다.

• 이성계와 이방원

요동을 정벌하라는 명을 어기고 위화도에서 군대를 돌린 위화도 회군으로 권력을 잡은 이성계는 신진 사대부와 손잡고 조선을 세웠다. 조선 건국에 방해가 되는 정몽주를 죽인 이방원은 정도전이 왕권을 약화시키려 하자 왕자의 난을 일으켜 권력을 잡았고, 조선 3대 임금이 되었다.

• 세종 대왕

조선 4대 임금으로 농업과 음악, 천문을 비롯한 문화를 발전시켰다. 4군과 6진을 개척해 영토를 넓혔으며, 대마도를 정벌해 왜구 침입을 막아냈다. 또 한글을 만들어 누구나 글을 쉽게 배워서 쓰고 읽을 수 있게 했다.

• 장영실

세종 대왕을 받들어 측우기와 혼천의, 앙부일구, 자격루를 비롯한 수많은 천문 관측 기구를 만들었다.

• 사육신과 생육신

삼촌인 수양 대군에게 쫓겨난 단종을 다시 받들려다가 죽임을 당한 성삼문, 박팽년, 이개, 하위지, 유성원, 유응부를 사육신이라 한다. 또 단종과 의리를 지키기 위해 벼슬을 버리고 떠나버린 김시습, 원호, 이맹전, 조려, 성담수와 나중에 육신전을 쓴 남효온까지 여섯 명을 생육신이라 한다.

• 성종

우리나라 지리와 풍속을 담은 《동국여지승람》과 우리나라 음악을 정리한 《악학궤범》을 펴냈다. 또 조선 최고 법전인 《경국대전》을 완성·반포해 유교 윤리에 맞게 나라를 다스릴 수 있는 바탕을 만들었다.

• 조광조

중종이 혼란을 바로잡을 방법을 묻자 '도는 예나 지금이나 같다.'고 대답해 등용되었다. 가짜 공신을 정리하는 위훈삭제, 도교 의식을 행하는 소격서 폐지, 지방 인재를 추천 등용하는 현량과 실시 등 개혁을 추진했다. 하지만 주초위왕 사건으로 기묘사화 때 목숨을 잃었다.

• 임꺽정

황해도 봉산에서 갈대로 바구니를 만드는 고리백정이었으나 관리와 양반 수탈이 심해서 살 수가 없게 되었다. 그러자 사람들을 이끌고 활빈당을 만들어 나쁜 부자에게 빼앗은 재물을 가난한 백성에게 나누어 주는 의적이 되었다.

• 이지함

힘들게 사는 백성을 돕기 위해 상업과 어업, 기술을 가르쳤다. 아산현감이 되었을 때는 큰 집을 지어 거지들이 살 수 있게 했고, 운수를 보는 《토정비결》을 지어 백성에게 희망을 주고자 했다.

• 이황과 이이

조선 시대 성리학을 발전시킨 대표적인 두 학자다. 이황은 인간이 가진 심성을 중시했고, 도덕적이고 이상주의적 성향이었다. 임진왜란 이후 일본 성리학 발전에 영향을 미쳤다. 영남 학파를 형성하고 남인에 영향을 주었다. 《성학십도》, 《주자서절요》가 대표 저서이다. 이이는 기의 역할을 중시했고, 현실적이고 개혁적인 성향이었다. 십만양병설 등 현실 문제 개혁 방안을 제시했다. 기호 학파를 형성하고 서인에 영향을 주었다. 《성학집요》, 《격몽요결》이 대표 저서이다.

• 이순신

임진왜란이 일어났는데 육군이 패전을 거듭하자 임금은 의주까지 피란을 갔다. 하지만 이순신은 옥포 해전에서 승리를 거둔 것을 시작으로 한산도 대첩을 비롯해 23번을 싸워 23번을 모두 이기고 위기에 처한 나라를 구해냈다.

• 김시민

임진왜란이 일어나면서 진주목사가 되었다. 군사를 훈련시키고 화약과 대포를 만들어 방비를 철저히 했다. 이순신에게 바닷길이 막힌 일본군이 육로로 전라도를 향해 가려고 진주성을 쳐들어오자 사흘 동안 맞서 싸워 막아냈다.

• 곽재우와 조헌

임진왜란이 일어나자 관군은 패하고 도망쳤으나 전국에서 의병이 일어나 일본군과 싸웠다. 의령에서는 '홍의장군'이라 불리는 곽재우가, 금산에서는 조헌이 맞서 싸웠다.

• 허준

의술이 뛰어나 임금을 모시는 어의가 되었고, 임진왜란으로 다치거나 병든 사람이 비싼 약을 사서 쓸 수 없으니 집 근처에서 나는 풀이나 나무뿌리 등으로 병을 치료할 수 있는 의학책인 《동의보감》을 지었다.

• 광해군

임진왜란이 일어나자 조정을 나눈 분조를 이끌고 의병을 모집하고 전쟁을 시위해 선세를 뒤엎는데 큰 역할을 했다. 선조에 이어 왕위에 올라 명나라와 후금 사이에서 중립 외교를 펼쳐 다시 전쟁이 일어나는 것을 막으려 했다. 하지만 인조반정으로 쫓겨났다.

• 김상헌과 최명길

병자호란이 일어나 인조가 남한산성에 들어갔을 때 최명길은 '싸워서는 이길 수 없으니 나라와 백성을 지키기 위해 화의를 맺고 뒷날을 도모하자.'고 주장했다. 반면 김상헌은 '임금이 앞장서 싸우면 백성이 뒤따라 싸울 테니 적을 물리치고 나라와 백성을 지킬 수 있다.'며 항전을 주장했다.

• 소현 제사와 봉림 대군

병자호란 때 인조가 청에 항복하면서 인질로 끌려 갔다. 소현 세자는 발전한 청 문화와 서양 문화를 배우려 했으나, 봉림 대군은 청에 복수할 결심을 했다. 조선으로 돌아온 얼마 뒤에 소현 세자가 갑자기 죽자 봉림 대군이 왕위에 올라 효종이 되어 북벌 정책을 펼쳤다.

• 안용복

친구들과 고기를 잡다가 폭풍을 만나 울릉도로 갔는데 일본 사람이 살고 있는 것을 본 안용복은 일본으로 가서 관리에게 사과를 받고 울릉도가 우리 땅이라는 확인 문서를 받아서 돌아왔다.

• 김홍도와 신윤복, 그리고 장승업

조선 후기를 대표하는 화가로, 단원 김홍도는 백성의 일상생활 모습을 배경을 생략하여 간략하게 그렸고, 혜원 신윤복은 양반이나 기생, 여인을 섬세하고 세련되게 그린 풍속화가이다. 또 오원 장승업은 산수, 인물, 사군자 등을 힘차게 그렸다.

• 정조

아버지인 사도 세자가 일찍 죽자 할아버지인 영조를 이어 임금이 되었다. 정조는 영조가 펼친 탕평책을 그대로 이어받았고, 학문 연구를 위해 규장각을 만들었다. 또 육의전을 제외한 시전상인이 가진 특권인 금난전권을 없애는 신해통공을 실시했다. 수원에 새로운 상업 도시인 화성을 건설했다.

• 김만덕

제주도 여성 상인으로 흉년으로 제주 사람들이 굶주리자 재산을 털어 사람들을 구했다. 나라에서 상을 내린다고 하자 임금을 만나고 금강산 구경을 가고 싶다는 소원을 말했다. 정조 임금이 모두 들어주었고 채제공을 시켜 '만덕전'을 남기게 했다.

• 이승훈

청나라에 사신으로 가는 아버지를 따라가 북경에서 프랑스 신부에게 천주교 교리를 공부했다. 베드로라는 세례명으로 세례를 받고 돌아와 천주교를 널리 전파했다.

• 정약용

조선 후기 실학자로 실학을 집대성했다. 정조에게 명을 받아 수원 화성을 쌓기 위해 거중기를 고안했고, 정조가 화성에 행차할 때 한강에 배다리를 놓기도 했다. 천주교 박해 사건으로 전남 강진으로 유배를 가서 《목민심서》, 《흠흠심서》, 《경세유표》를 비롯한 많은 책을 썼다.

• 홍경래

평안도 사람은 전쟁에 동원되고 중국으로 오가는 사신을 대접하느라 많은 고생을 했다. 하지만 평안도 출신은 과거에 합격하기도 어려웠고 과거에 급제해도 제대로 된 벼슬을 하지 못했다. 차별 받는 세상을 바로잡기 위해 10년 동안 준비해 봉기를 일으켰다. 그러나 정주성에서 항전하다 진압되었다.

• 김정호

우리나라 땅과 강, 길 모양 등 지리에 관심이 많아서 최한기에게 지도책을 빌려 청구도를 만들었다. 이후 더 많은 자료를 활용해 정확한 '대동여지도'를 만들었다. 많은 사람이 쉽게 이용할 수 있도록 목판에 새겨서 대량으로 찍어냈다.

• 양헌수

제주목사가 되었을 때 탐관오리를 벌주고 태풍으로 부서진 집을 복구하는 일과 나라에 구휼미를 보내 달라고 요청하는 등 제주 백성을 잘 보살폈다. 병인양요가 일어나자 강화도 정족산성에서 500여 명의 군사를 이끌고 잠복했다가 프랑스군을 무찔렀다.

• 이제마

사람마다 생김새가 다르듯이 체질도 다르다는 원리를 의술에 적용해, 태양인, 태음인, 소양인, 소음인, 이렇게 넷으로 나눈 사상의학으로 치료하는 의술을 만들었다.

• 전봉준

탐관오리에 의한 수탈을 견디다 못해 동학 농민군을 이끌고 봉기했다가 전주에서 정부와 '전주 화약'을 맺고 해산했다. 그러나 일본이 우리나라를 쥐고 흔들자 다시 일어나 항쟁하다가 우금치 전투에서 관군과 일본군에 패하고 체포되어 처형당했다.

• 흥선 대원군

철종이 자식 없이 죽자 아들인 명복을 고종 임금으로 올린 다음, 임금을 대신해 나라를 다스렸다. 안동 김씨 세도 정치를 몰아내고, 부패한 서원을 철폐했으며, 인재를 널리 등용했다. 또 경복궁을 다시 지었으며, 나라 문을 닫아거는 통상 수교 거부 정책(쇄국 정책)을 펼쳤다.

• 고종

흥선 대원군이 물러나자 고종은 일본과 강화도 조약을 맺고 나라 문을 열었다. 일본과 서양 열강이 밀려오자 둘레 나라 사이에 힘을 이용한 외교로 나라를 발전시키려 했다. 대한 제국을 선포하고 식산흥업 정책을 통해 나라를 스스로 근대화시키려 했다.

• 박영효와 김옥균

박영효와 김옥균이 이끄는 급진 개화파가 근대화를 추진하기 위해 갑신정변을 일으켰다. 하지만 준비 부족과 청나라 개입으로 3일 만에 실패하고 박영효와 김옥균은 망명길에 올랐다.

• 최익현

강화도 조약이 맺어지자 광화문 앞에서 도끼를 지니고 궁궐 앞에 엎드려 조약 체결을 반대하는 상소를 올렸다. 을미사변이 일어나자 의병을 일으켰다가 체포되어 대마도로 귀양을 갔다. 하지만 '왜놈이 주는 것은 물 한 방울도 마시지 않겠다.'며 저항하다 순국했다.

• 유길준

신사 유람단으로 일본에 가서 일본이 근대화된 모습을 보고 스스로 개화를 하자고 주장했다. 보빙사로 미국에 가서 본 것을 《서유견문》으로 지었으며, 전기를 들여와 근대화를 앞당기는 일에도 앞장섰다.

• 안중근

일제가 외교권을 빼앗고 군대를 해산시키자 러시아 블라디보스토크로 가서 의병을 모아 일본군과 싸웠다. 하얼빈에 온 침략 원흉 이토 히로부미를 권총으로 저격하고 체포되어 뤼순 감옥에서 《동양평화론》을 쓰고 순국했다.

• 주시경

배재 학당에서 만난 서재필과 〈독립신문〉을 만드는 일을 함께 하면서 우리글을 바로 써야한다는 것을 깨닫고, 국문연구소를 세웠다. 언문이라고 낮추던 우리글을 '한글'이라고 불렀고, 나라가 일제에 병합되었어도 민족혼을 지키기 위해 한글 연구를 멈추지 않았다.

• 한용운과 윤동주, 그리고 이육사

일제 강점기 대표 저항 시인이다. 한용운은 3·1 만세 운동에 민족 대표 33인으로 참여해 공약 삼장을 지었고, '님의 침묵'에서 '님은 갔지만 나는 님을 보내지 않았습니다.'라며 빼앗긴 조국을 노래했다. 윤동주는 '사람들은 살기가 어렵다는데 시가 이렇게 쉽게 씌어지는 건 부끄러운 일이다.'라며 독립운동에 나서지 못하는 부끄러움을 고백했다. 또 의열단원으로도 활동한 이육사는 '다시 천고 뒤에 백마 타고 오는 초인이 있어 이 광야에서 목 놓아 부르게 하리라.'라며 독립을 노래했다.

• 홍범도와 최진동, 그리고 김좌진

국내에서 활동이 어려워 만주로 간 독립군은 압록강, 두만강을 건너와 공격했다. 일본군이 만주로 건너왔으나 봉오동에서 홍범도가 이끄는 독립군이, 청산리에서 홍범도, 최진동, 김좌진이 이끄는 독립군이 일본군을 크게 쳐부수었다.

• 방정환

1920년 일본으로 유학 가 아동 문학과 아동심리학을 배웠다. 어린이를 잘 키워야 한다는 생각에 아동 문학 운동 단체인 색동회를 만들고, 어린이날을 만들었다. 또 잡지인 《어린이》를 만들어 소년 운동에 앞장섰다.

• 이회영 형제

나라 안에서 손꼽히는 부자였으나 빼앗긴 나라를 되찾기 위해 여섯 형제가 전 재산을 팔아 만주로 갔다. 독립군 양성 학교인 신흥 무관 학교를 세웠고, 많은 독립운동 단체를 도왔다. 형제는 가난과 굶주림으

로 죽기도 했으며, 해방 조국에 살아 돌아온 사람은 다섯째 이시영 뿐이었다.

• 김원봉, 박재혁, 최수봉, 김상옥, 김익상, 김지섭, 나석주

적을 하나라도 쏘아 죽여야 독립이 온다는 신념으로 김원봉이 단장이 되어 의열단을 만들었다. 박재혁이 부산 경찰서장에게, 최수봉이 밀양 경찰서에, 김상옥이 종로 경찰서에, 김익상이 조선 총독부에, 김지섭이 일본 왕궁 앞 다리에, 나석주가 동양 척식 주식회사에 폭탄을 던지는 의거를 일으켰다.

김원봉은 조선 의용대를 만들었고, 김구가 창설한 한국광복군에 합류해 광복군 부사령관이 되었다.

• 최용신

YWCA에 들어가 안산에 있는 샘골에서 농촌 계몽 운동을 펼쳤다. 야학으로 시작했으나 마을 사람이 힘을 합쳐 정식 학교를 짓고 농촌 어린이를 교육시키고 생활 개선 운동을 벌였다. 지금도 사회를 위해 봉사한 사람에게 최용신 이름을 딴 '용신봉사상'을 준다.

• 이봉창과 윤봉길

이봉창은 한인 애국단원이 되어 일왕 마차에 폭탄을 던졌으나 암살에는 실패했다. 이어서 한인 애국단원 윤봉길은 상하이로 쳐들어온 일본군 승전 기념식장에 폭탄을 던져 일본군 지휘관과 일본인 대표를 죽고 다치게 하는 의거를 일으켰다.

• 손기정

달리기를 좋아한 손기정은 양정고보에 진학해 마라톤 선수가 되었고, 베를린올림픽에서 금메달을 땄으나 일본 국기를 가슴에 달고 시상식에 서야 해 슬퍼했다. 이후 후배를 양성해 서윤복이 보스턴마라톤에서 우승하는 데에 크게 기여했다.

• 나운규

회령에서 3·1 만세 운동을 이끌었고, 만주와 러시아에서 독립운동을 하다가 국내에서 체포되었다. 옥에서 독립 투사 이춘식에게 '춘사'라는 호를 받았다. '조선키네마사'에 들어가 영화배우가 되었고, 시나리오와 감독, 주연을 맡아 '아리랑'을 만드는 등 영화 발전에 크게 이바지했다.

• 김구

3·1 만세 운동이 일어나고 상하이에 세운 대한민국 임시 정부에서 독립운동을 했고, 국무령을 거쳐 주석이 되었다. 한인 애국단을 만들었으며, 단원이었던 이봉창, 윤봉길이 의거를 일으켰다. 또 한국광복군을 창설했다. 해방 이후 국내로 들어와 남북한 단일 정부 수립을 위해 노력했다.

• 유일한

미국으로 유학을 가서 사업으로 큰돈을 벌자 맹호군이라는 독립군 부대를 만들었다. 국내로 들어와 값싸게 약을 공급하기 위해 유한양행을 세웠다. 기업 이익은 사회에 돌려주어야 한다며 정직하게 세금을 냈고, 장학재단도 만들었다. 죽을 때 자신의 주식을 모두 직원에게 나누어 주었다.

• 전태일

열여섯살부터 서울평화시장에서 노동자로 일하면서 휴일도 없이 착취당하는 노동 조건을 바꾸기로 결심했다. 근로기준법을 공부하고 바보회를 만들어 노동 환경을 널리 알리려 했다. 그러나 이를 아무도 들어주지 않자 자기 몸에 기름을 끼얹어 불을 붙이고는 "우리는 기계가 아니다. 근로기준법을 준수하라."를 외치며 분신했다.

• 장준하

일본군으로 끌려갔으나 탈출하고 6천리 산길을 걸어서 대한민국 임시 정부 한국광복군이 되었다. 광복 이후 박정희가 일본과 굴욕 외교를 맺으려고 하자 반대하는 운동을 벌였고, 《사상계》라는 잡지를 만들어 박정희 독재를 널리 알리고 맞서 싸웠다.

• 조영래

박정희가 독재 권력을 지키기 위해 누명을 씌운 '서울대생내란음모사건'으로 옥살이를 했고, '민청학련사건'으로 수배 중에 《전태일평전》을 썼다. 변호사가 되어 힘없고 가난한 사람이 나라와 큰 회사에게 당한 억울한 사건을 맡아 많은 사건을 해결했다.

• 전형필

문화재가 사라지면 민족정신도 사라진다고 여겨 우리 문화재가 외국으로 빠져나가는 것을 막기 위해 《훈민정음 해례본》, 청자상감운학문매병 등 문화재를 물려받은 많은 재산을 털어서 사들였다. 이 문화재를 보존하기 위해 세운 우리나라 최초 사립박물관인 보화각이 간송미술관이다.

• 문익환

친구인 장준하가 의문스럽게 죽자 민주화 운동에 나서, 박정희와 전두환 독재에 맞서는 활동을 했다. 전국민족민주운동연합회를 대표해 북한 초청을 받고 평양에서 김일성을 만나 통일을 약속하는 등 분단과 독재에 맞서 싸우다 11년이 넘는 옥살이를 했다.

• 장기려

6·25 전쟁 때 평양에서 치료하던 국군을 따라 부산으로 와서 복음병원을 세웠다. 평생 이웃과 나누며 옥탑방에서 살면서도 가난한 환자에게는 돈을 받지 않았다. 청십자의료보험조합을 조직해 큰 병에 걸려도 돈을 많이 들이지 않고 치료할 수 있도록 만들었다.

• 김수환

마흔일곱에 추기경이 되어 언제나 약한 사람 편에 섰다. 강화심도직물이 노동조합을 탄압하는 사건이 일어나자 성명서를 발표하고 노동자가 회사로 돌아가게 했다. 전두환 독재에 맞선 시민과 학생이 명동 성당으로 들어오자 "나부터 밟고 가라."며 경찰을 막아 시민과 학생을 지켜냈다.

• 김대중

이승만과 박정희 독재에 맞서 민주화 운동을 벌였고, 빨갱이라는 누명으로 고통을 받았으나 대한민국 15대 대통령이 되었다. 2000년 6월 15일 평양에서 열린 남북 정상 회담에서 남북이 전쟁을 멈추고 화해와 협력으로 나아가자는 남북 공동 선언을 했다. 이 공로로 김대중은 노벨평화상을 받았다.

학습 가이드 & 예시 답안

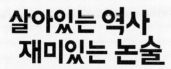

살아있는 역사 재미있는 논술

④ 한인 애국단에서 대한민국까지

01 사회주의 운동과 신간회

탐구 1 조선 공산당

탐구하기 1 이재유, 이현상, 김삼룡

탐구 2 암태도 소작 쟁의 그리고 형평 운동

탐구하기 소작 쟁의

탐구 3 신간회와 근우회

탐구하기 신간회, 근우회

탐구 4 원산 총파업

탐구하기 최저 임금제 확립, 8시간 노동제 실시, 취업 규칙 개정, 노동조합 인정

해석 사회주의 사상이 빠른 시간에 확산된 까닭은?

해석하기 러시아가 1917년 혁명에 성공한 뒤 식민 지배를 받고 있는 민족에 대한 해방 운동을 적극 돕겠다고 했다. 그러자 새로운 사상과 지식에 보다 쉽게 접근할 수 있는 지식인 계층이 사회주의가 일제 강점에서 벗어날 수 있는 방안이라고 여겨 적극 수용했기 때문에 빠른 시간에 확산되었다.

토론 3천여 명이 3개월 동안 벌인 원산 총파업은 성공한 것일까, 실패한 것일까?

1) 성공한 싸움이다.

열악한 노동 환경과 민족 차별에 억눌려 있던 노동자들이 노동 조건 개선을 요구하며 들고 일어선 것만으로도 큰 성과다.

2) 실패한 싸움이다.

파업이 길어지자 노동자들은 분열되었고, 성과물이 없이 끝나 패배 의식이 자리 잡게 되었다. 이후 노동 쟁의에 좋지 않은 영향을 끼쳤다.

역사에 비추어 보는 오늘

도움말 농산물은 공산품과 달리 긴 보살핌이 있어야 판매할 수 있는 제품으로 만들어집니다. 자연재해나 국

가사업 때문에 발 빠르게 대처하지 못하고 있는 현실임을 생각해 봅니다.

생각열기 **예** 1) 농업은 나라의 근본이라고 얘기하지만, 농민에 대한 대우는 나빠지고 있다. 산업 사회로 바뀌면서 농업이 전체 산업에서 차지하는 비중이 작아지자, 정책을 결정할 때 농업에 종사하는 농민들에게 희생을 강요하는 경우가 많기 때문이다.

2) 우리나라 기후는 농작물을 자주 바꿔서 농사짓기 어렵다. 그래서 유행하는 작물이나 소득이 높을 것을 예상하고 농작물을 기르기도 하는데, 기후나 농작물 수입 때문에 1년 농사가 성공적으로 수입을 올리기 힘든 경우가 있다. 또 온 국민이 먹는 쌀값도 수매 가격 때문에 1년 내내 농사를 지어도 인건비도 건지지 못할 때가 있다고 한다. 농민들이 한자리에 모여 외치는 것은 생존을 위한 목소리이기 때문에 농민들 시위는 계속되고 있다.

02 1930년대 독립운동과 한인 애국단

탐구 1 1930년대 국제 정세와 해외 독립운동

탐구하기 대한민국 임시 정부 권위를 회복하고 독립 의지를 널리 알리기 위해 '한인 애국단'을 조직했다.

탐구 2 백범 김구

탐구하기 남한에서만 정부를 세우는 선거를 하려 하자, 남북한 모두 하나가 되는 정부를 세우기 위해 남북한 지도자가 함께 만나는 연석회의에 참석했다.

탐구 3 이봉창과 윤봉길

탐구하기 •이봉창: 일본왕이 참석하는 군대 행렬에서 일왕이 탄 마차에 폭탄을 던졌으나 터지지 않았다. 재판에서 민족을 대표해 폭탄을 던진 것이라며 진술하고, 일본 형무소에서 순국했다.

• 윤봉길: 상하이 훙커우 공원에서 열린 일본 전쟁 승리 기념식에서 폭탄을 던져 일본 군인들이 죽거나 다쳤다. 그 자리에서 체포되어 일본 형무소에서 순국했다.

탐구 4 여성 독립운동가

탐구하기 윤희순

해석 이봉창, 윤봉길 의거는 독립운동에 어떤 영향을 주었을까?

해석하기 중국 정부로부터 많은 지원을 받을 수 있게 되었고, 미국 동포도 지지와 성원을 보냈다. 독립운동을 하겠다는 사람도 늘어나 임시 정부도 활력을 찾으며 새롭게 일어날 수 있는 계기가 되었다.

토론 김구는 왜 임시 정부를 두고 한인 애국단을 만들었을까?

임시 정부가 무장 투쟁을 할 수 있는 여건이 되지 못했다. 군대도, 자금도 없는 상황에서 의열 투쟁이 독립운동을 할 수 있는 방편이었기 때문이다.

역사에 비추어 보는 오늘

생각열기 1 예 1) 직접 나가서 피켓 등을 들고 하는 1인 시위나, 단체로 집회나 시위를 할 수도 있다.
2) 서명 운동은 법적 효력은 없으나 관심을 유발하여 정책 변경에 압력을 넣을 수도 있다.
3) 중대한 사안이라고 생각될 경우 청와대 국민청원 홈페이지를 이용하면 20만 명이 공감하고 추천하면 청와대 책임자의 답변을 받을 수 있다.

03 일제 강점기 문화

탐구 1 일장기 말소 사건

탐구하기 손기정

탐구 2 일제 강점기 종교 활동

탐구하기 중광단

탐구 3 새로운 분야를 개척한 사람들

탐구하기 안창남

해석 1 같고도 다른 한용운과 이육사, 윤동주

해석하기 언젠가는 해방이 될 것이라는 독립에 대한 믿음으로, 마음에서 우러나는 독립에 대한 갈망을 시로 승화시켜 표현했다.

해석 2 전형필은 왜 문화재 수집에 전 재산을 바쳤나?

해석하기 일제 식민지 통치로 점차 사라져 가는 민족정신을 지키는 것도 독립운동이라고 생각했다.

토론 저항시가 독립 의지를 높이는 데에 도움이 되었을까?

1) 도움이 안 되었다.
시가 인쇄되어 널리 퍼진 것도 아니고, 시인 주변 몇몇 사람에게 읽힌 정도에 그쳤다. 해방이 되고 나서야 출판이 되었고, '저항시'라고 부르는 것이다.

2) 도움이 되었다.
시를 읽은 사람이라면 독립 의지를 품게 되었을 것이다. 친일 문학에 대응하는 독립운동의 한 방편이기도 했다.

역사에 비추어 보는 오늘

도움말 평생을 가난과 싸우면서 검소한 삶을 살다 가신 권정생 선생님이 어떤 마음으로 인세를 세계의 굶주린 어린이를 위해 써달라고 하셨을 지에 대해 생각해 보는 질문입니다.

생각열기 예 권정생 선생님은 가난한 가정에서 태어나 굶주림이 얼마나 큰 고통인지 경험하셨다. 그래서 어린이를 사랑하는 마음으로 동화를 써서 번 돈이므로 굶주리고 있는 세계 어린이를 위해 써 달라고 하신 것이다. 어린이는 보호 받아야 하고, 어린이가 잘 자라야 보다 나은 미래가 올 수 있다고 믿으셨을 것이다.

04 민족 말살 정책

[탐구 1] **민족 말살 정책**

[탐구하기] 창씨개명

[탐구 2] **모든 것을 빼앗아라, 국가총동원법**

[탐구하기] 국가총동원법

[탐구 3] **침략 전쟁에 앞장선 친일파**

[탐구하기] 노천명, 모윤숙, 서정주, 김활란

[탐구 4] **한국광복군**

[탐구하기] 국내 진공 작전

[해석] **일제에 맞서 한글을 어떻게 지켜냈을까?**

[해석하기] 우리말과 우리글을 쓰지 않으면, 우리 민족은 없어진다고 생각했기 때문이다.

[토론] **국군의 날을 한국광복군 창설일로 바꿔야 할까?**

1) 국군의 날을 바꿔서는 안 된다.

한국광복군 창설일도, 38도선 회복날도 모두 의미가 있다. 그러므로 지금처럼 각각 기념일을 가지면 된다. 지금까지 기념해온 국군의 날을 굳이 한국광복군 창설일로 바꾸면 혼란만 불러올 수 있다.

2) 한국광복군 창설일로 바꿔야 한다.

10월 1일은 38도선을 넘었다는 의미로 결정된 것이라 남과 북을 적대적인 관계로만 본다면 의미가 있다. 하지만 남과 북이 통일되면 38도선 돌파를 기념한 10월 1일은 적절하지 않다. 그래서 한국광복군 창설일로 바꿔야 한다.

역사에 비추어 보는 오늘

[생각열기] 1) 집 근처에 있는 소녀상을 찾아가 어떤 의미로 만들어졌는지 살펴보세요.

예) 서울시 서초구에 있는 서초고등학교 평화의 소녀상은 우리나라 최초로 학교 교정에 세워져 있습니다. 역사 교육은 강의실에서만 이루어져서는 안 되고 생활 속에서 항상 느끼고 경험되고 실천되어야 한다는 생각에 학교에 소녀상을 세웠다고 합니다.

2) 소녀상에게 어떤 이야기를 들려주고 싶은지 자유롭게 써보세요.

예) 서초고등학교에 있는 소녀상은 다른 곳에서 본 소녀상과는 달랐습니다. 저고리왼쪽 가슴에는 무궁화를 달고, 나비 모양 노리개를 하고서 태극기를 두 손으로 꼭 쥔 모습이었습니다. 여름만 되면 우리나라 어디에서나 볼 수 있는 무궁화가 소녀상에 새겨진 모습을 보니 피어보지도 못하고 오랫동안 고통 속에 보내야 했던 할머니들 모습이 생각나 가슴이 아팠습니다.

"할머니들 아픔을 꼭 기억하고 잊지 않을게요. 할머니를 모르는 친구들에게 할머니 이야기를 많이 해줄거예요. 다음에 올 땐 할머니 가슴에 예쁜 무궁화를 달아드릴게요."

05 8·15 광복과 신탁 통치

[탐구 1] **8·15 광복과 조선 건국 준비 위원회**

[탐구하기] 여운형

[탐구 2] **모스크바 삼국 외상 회의와 신탁 통치**

[탐구하기] 모스크바 삼국 외상 회의

[탐구 3] **노동자, 농민이 목소리를 내다**

[탐구하기] 대구

[해석 1] **8·15는 진정한 광복이 아니었다**

[해석하기] 친일파 청산을 이루지 못했기 때문이다. 남한을 차지한 미군정은 미군이 들어오기 전까지 치안과 행정을 맡고 있었던 조선 인민 공화국과 해외에서 독립운동 중심 역할을 한 대한민국 임시 정부를 인정하지 않았다. 그리고는 친일파를 다시 불러들여 행정을 맡겼다. 친일 관리가 여전히 다스리는 나라가 되었다.

해석 2 **남한을 신탁 통치한 미군정은 지지를 받지 못했다**

해석하기 미군정은 쫓겨난 친일파를 다시 불러들여 행정을 맡겼고, 곡물 수집령으로 쌀을 강제로 거두는 등 지지받을 일을 하지 않았기 때문이다.

토론 **신탁 통치는 대한민국에 도움이 되었을까?**

1) 도움이 되었다.

일제 식민지에서 해방된 우리나라는 민주 공화국에 필요한 것이 무엇인지, 어떤 방식으로 나라를 운영해야 하는지 제대로 알지 못했다. 신탁 통치 기간 동안 민주 공화국에 대한 이해를 키우고, 나라를 다스릴 방법을 준비하는 시간이 되었다.

2) 도움이 되지 않았다.

해방과 동시에 꾸려진 조선 건국 준비 위원회는 치안과 행정을 순조롭게 이끌었다. 신탁 통치 기간이 없어도 우리 스스로 나라를 세우고 다스려 나갈 수 있었다. 하지만 미군정은 우리나라 국민이 가진 힘을 인정하지 않았다.

역사에 비추어 보는 오늘

도움말 다른 나라 사람 동상이 우리나라에 있는 것에 대한 자기 생각을 자유롭게 쓰면 됩니다.

생각열기 예 잘한 일이다. 트루먼 대통령과 맥아더 장군 모두 우리나라와 전혀 관련이 없는 인물이 아니다. 우리나라가 해방되고, 6·25 전쟁 때 도와준 사람이다. 우리를 도와준 것에 대한 감사 표시를 한 것이니 잘한 것이다.

예 잘못한 일이다. 트루먼 대통령과 맥아더 장군이 우리나라를 도와준 것은 맞지만 평가가 엇갈리고 있는 인물들이다. 아직 정확한 평가가 내려지지 않은 인물 동상을 세워두는 것은 긍정적 이미지만을 심어줄 수 있기에 잘못한 일이다.

---

06 한 나라가 두 정권으로

탐구 1 **제주 4·3**

탐구하기 단독 선거 실시는 단독 정부 수립으로 이어져 분단을 고착화하는 일이라 여겼기 때문이다.

탐구 2 **분단을 막으려는 남북 연석회의**

탐구하기 평양

탐구 3 **남북에 각각 들어선 정부**

탐구하기 대한민국, 조선 민주주의 인민 공화국

해석 1 **남북 연석회의가 성공하지 못한 까닭은?**

해석하기 북측이 명분을 얻기 위해 연석회의를 열었기 때문이다. 남한이 단독 정부를 수립한다는 발표를 하자, 그동안 연석회의 개최에 반응이 없던 북한이 갑자기 연석회의를 개최하겠다고 했다. 북한은 통일 정부 수립을 위해 노력했지만 남한이 단독 정부를 수립하는 바람에 통일 정부를 수립할 수 없었다는 명분을 가지기 위해 연석회의를 열었다. 북한이 명분 쌓기가 아니라 진정성을 가지고 연석회의에 임했다면 다른 결과가 나왔을 수도 있다.

해석 2 **반민 특위와 친일 청산이 실패한 까닭은?**

해석하기 이승만 정부에서 친일파는 여전히 높은 자리를 차지해 친일 청산을 가로막았고, 친일파가 자신을 지지하자 이승만 대통령이 자기 권력 유지를 위해 오히려 반민 특위 활동과 친일 청산을 방해했기 때문이다.

토론 **남북 분단이 된 가장 큰 원인은 무엇일까?**

예 미국 때문이다. 한반도에 소련군을 들어오게 한 것도 미국이고, 북위 38도선을 기준으로 한반도를 나누자고 한 것도 미국이다. 자본주의 진영과 사회주의 진영이 대립하는 상황에서 미국은 한반도 일부라도 차지해 동아시아 지역에 미치는 영향력을 극대화하고 싶었다.

역사에 비추어 보는 오늘

도움말 제주 4·3을 어떻게 불러야 할지 자기 생각을 자유롭게 쓰면 됩니다.

생각열기 예 제주 4·3은 4·3 항쟁이라고 불러야 한다. 2003년 '공권력에 의한 양민 학살'이라고 정부가 인정했다. 단독 정부 수립을 위한 선거를 반대해 분단을 막고자 한 것인데, 이를 정부 수립에 방해가 된다고 여겨 탄압한 것이니 4·3 항쟁이라고 불러야 한다.

07 6·25 전쟁

탐구 1 **전쟁 발발**

탐구하기 1950년

탐구 2 **전쟁 과정**

탐구하기 1953년 7월 27일

탐구 3 **6·25 전쟁 전쟁이 남긴 피해**

탐구하기 휴전선

해석 1 **지리산 인민 유격대는 왜 남한과 북한 모두에게 버림받았나?**

해석하기 • 남한: 인민 유격대 모두를 폭도로 몰 것이 아니라, 왜 인민 유격대가 되었는지를 따져 보아 선별했어야 한다. 또 자수하면 죄를 묻지 않겠다고 한 약속을 지키지 않아 남한 정부는 신뢰할 수 없는 정부가 되었다.
• 북한: 북한 편에서 싸운 사람들이므로 당연히 그들을 구하기 위한 노력을 했어야 한다. 남한에 있으면 죽을 것이 확실한데도 버린 것은 무책임한 행동이었다.

해석 2 **6·25 전쟁으로 누가 이득을 얻었을까?**

해석하기 예 일본이다. 미국은 제2차 세계 대전에서 패망한 일본을 공산주의를 막는 최전방으로 삼았다. 6·25 전쟁이 일어나자 미국은 막대한 지원을 하며 전쟁에 필요한 물자를 일본에서 조달했다. 전쟁 특수를 누린 일본은 빠른 시일 안에 경제 성장을 이루어 강대국이 될 수 있었다.

토론 **통일이 되어도 비무장 지대는 지금처럼 그대로 보존해야 할까?**

1) 보존해야 한다.

생태계를 보존하기 위해서, 또 묻혀 있는 지뢰나 폭발물로 인해 사람들이 다치지 않도록 하기 위해서는 보존해야 한다. 남북을 잇는 도로는 필요하므로 보존을 우선으로 해서 개발을 최소한으로 해야 한다.

2) 개발해야 한다.

통일이 되면 남북으로 잦은 왕래는 물론 유럽까지 육로로 뻗어나가기 위해 도로를 비롯한 많은 시설이 필요하다. 그곳이 고향인 사람들은 그곳에서 마을을 이루고 살 수 있도록 해줘야 한다. 국토가 좁은 나라에서 그냥 두어서는 안 된다. 환경을 보존하면서도 활용할 수 있는 방법을 찾아야 한다.

역사에 비추어 보는 오늘

도움말 평화를 지키기 위해 외국에 군대를 보내는 것에 대해 생각해 보는 질문입니다.

생각열기 예 UN 회원국으로서 의무이다. 6·25 전쟁 때 UN으로부터 받았던 도움을 갚는 것이기도 하다. 평화 유지군을 보냄으로써 전쟁을 겪은 가난한 나라라는 이미지에서 외국에 군대를 보내며 평화를 위해 노력하는 나라라는 것을 세계에 알릴 수 있다.

08 이승만과 4·19 혁명

탐구 1 **원조 경제**

탐구하기 삼백 산업

탐구 2 **발췌 개헌과 사사오입 개헌**

탐구하기 발췌 개헌, 사사오입 개헌

탐구 3 **3·15 부정 선거에서 4·19 혁명까지**

탐구하기 4·19 혁명

[해석 1] 국가 보안법은 누구를 지키기 위한 법인가?

[해석하기] 독재 정권이 반대 세력에게 죄를 뒤집어씌워 자기 권력을 지키고 민주주의를 탄압하는 도구로 사용했다.

[해석 2] 이승만에 대한 긍정과 부정

[해석하기] •긍정 평가: 한·미 상호 방위 조약을 체결해 국방을 안정시켰다.
•부정 평가: 일제 잔재를 청산하지 못해 나라를 바로 세울 기회를 잃었다.

[토론] 4·19 혁명이 일어난 가장 큰 원인은 무엇일까?

예 장기 독재를 했기 때문이다. 자유당과 이승만은 장기 집권을 위해 발췌 개헌과 사사오입 개헌을 하면서까지 독재 권력 유지에만 힘을 쏟았다.

[역사]에 비추어 보는 오늘

[도움말] 편지글 형식으로 하고 싶은 말과 내 생각을 전할 수 있습니다.

[생각열기] 준석아! 드디어 학교 이름을 바꾸게 되었구나. 축하해~
대변리에 위치해 있어 지명을 따라 대변초등학교라고 이름 붙인 것인데, 놀림을 많이 받았다니… 너무 속상했겠다. 그래도 네가 여러 친구들이 가진 생각과 의견을 반영해 바로잡고 싶었던 부분을 제대로 짚어준 거 같아.
학교 선배, 마을 어른, 학부모, 재학생들이 뜻을 모으고, 부산시 교육청에 이름 변경 요청을 통해 드디어 해냄을 진심으로 축하해.
50년 동안이나 그냥 어쩔 수 없을 거라며 지나쳤던 부분을 힘을 합쳐 해결했기에 '용암초등학교'라는 교명에 큰 애착이 생길 거 같아. 용암초등학교 파이팅!

09 5·16 군사 정변과 12·12 사태

[탐구 1] 5·16 군사 정변과 박정희 정부

[탐구하기] 정부가 경제 개발을 위한 돈을 얻어오겠다는 목적만 생각하여 일제에 대한 사과나 배상 문제를 내세우지도 않고, 독도에 대한 소유권도 주장하지 않았다. 굴욕적 한일 회담이었기 때문에 시위가 일어났다.

[탐구 2] 10월 유신 체제 성립

[탐구하기] 유신 헌법

[탐구 3] 12·12 사태와 '서울의 봄'

[탐구하기] 박정희 사망 후 많은 국민들이 유신 독재에서 벗어나 민주화된 나라를 기대했다. 체코에서 일어난 민주화 운동인 '프라하의 봄'에서 따와 '서울의 봄'이라 불렀다.

[탐구 4] 박정희 독재에 맞선 사람들

[해석하기] 장준하, 문익환, 함석헌

[해석] 박정희 정부 때 국민은 어떻게 통제 당했나?

[해석하기] 정권에 대한 불만이나 비판을 가로막아 독재 정권에 순순히 복종하는 국민을 만들려 했기 때문이다.

[토론] 베트남 파병은 우리나라에 도움이 되었나?

예 경제 발전에 도움이 되었을 수도 있으나 명분 없는 전쟁에 나가 많은 이들이 목숨을 잃었고 독재 권력을 유지하고 반공 이념을 강화되는 데 이용되기도 했다.

[역사]에 비추어 보는 오늘

[생각열기] 예 우리나라도 일본에 대해 사과와 보상을 요구한다. 우리노 마찬가지로 베트남 선쟁 때 우리가 저지른 행위를 먼저 인정하고, 사과의 마음을 가져야 한다. 정부 차원에서 사과는 있었으나 우리나라 많은 사람들이 사실을 모르기도 한다. 우리나라 군인이 그들에게 저질렀던 사건에 대해 우리나라 국민들이 제대로 아는 것도 중요하다. 정확한 진상이 규명되어 알려져야 한다. 이

를 바탕으로 베트남과 굳건한 협력 관계를 이어나가야 한다.

이 있다. 저출산은 생산 가능한 인구 감소로 이어져 경제 구조에 심각한 문제가 생길 수도 있다. 그렇기 때문에 적정 인구 유지를 위해 정부는 출산율에 신경을 쓰고 있다.

10 잘 살아 보세! 경제 개발 5개년 계획

탐구 1 경제 개발 5개년 계획
탐구하기 공업

탐구 2 한강의 기적을 이루다
탐구하기 '한강의 기적'

탐구 3 전태일, 노동자 권리를 말하다
탐구하기 전태일

해석 1 급속한 경제 개발이 낳은 부작용
해석하기 계층과 지역 사이에 격차를 심화시켰고, 정경 유착, 노동 착취 등 부작용이 나타났다.

해석 2 새마을 운동은 농촌에 도움이 되었나?
해석하기 새마을 운동은 농민 주도로 일어난 것이 아니라 국가 주도로 진행되었고, 실제로 농촌 경제는 좋아지지 않았기 때문이다. 지붕 개량, 도로 확충 등 외양은 개선되었으나 농산물 수입 등으로 농산물 가격은 더 떨어져 농민들은 살기가 힘들어졌다.

토론 1970년대 노동자는 왜 근로기준법에 보장된 권리를 주장하지 못하고 혹사당했을까?
예 노동자는 대부분 가난하고 학력도 낮았기 때문에 전문 법률용어와 근로기준법은 읽기조차 힘들었다. 또 일반 시민도 노동자는 열심히 일을 해야 한다며 혹사당하는 것을 당연하게 여겼고 노동 환경에 대해서 전혀 알지 못했다.

역사에 비추어 보는 오늘
생각열기 **예** 출산율은 국가의 노동력과 경제 성장에 연관

11 민주주의를 지켜내다 – 5·18 민주화 운동과 6월 민주 항쟁

탐구 1 신군부에 맞선 5·18 민주화 운동
탐구하기 시민 수습 대책 위원회

탐구 2 5·18 민주화 운동 그 이후
탐구하기 5·18 민주화 운동

탐구 3 전두환 정부 수립
탐구하기 국민이 직접 투표해 대통령을 뽑고 정부를 세워야 독재 정권을 없앨 수 있다고 생각했기 때문이다.

탐구 4 6월 민주 항쟁
탐구하기 6·29 민주화 선언

해석 광주는 왜 혼란에 빠지지 않았을까?
해석하기 높은 시민 정신이 뒷받침되었기 때문이다. 광주 시민들은 부당한 권력에 맞서서 바로잡아야 한다는 것을 깨달았고, 민주주의는 남이 주는 것이 아니라 스스로 만들고 지켜가야 한다는 것을 알게 되었기 때문이다.

토론 6월 민주 항쟁이 성공할 수 있었던 까닭은 무엇일까?
예 많은 시민이 참여했기 때문이다. 일부 대학생만이 '독재 타도'라는 구호를 외치며, 정권에 대항했다면 성공하지 못했을 것이다. 그러나 '넥타이 부대'라고 하는 사무직 노동자까지 시위에 동참하면서 규모가 커지자 많은 사람이 호응하게 되었고, 전두환 정부도 두려워했던 것이다. 결국 많은 시민이 동참해 얻어낸 승리였다.

역사에 비추어 보는 오늘

[도움말] 다른 지역 친구들에게 알려주고 싶은 버스 노선이 무엇인지 생각해서 자유롭게 만들어 보면 됩니다.

[생각열기]

예) 버스 노선 : 43번 코스
제주의 잃어버린 마을 곤흘동 → 북촌 너블숭이 기념관 → 함덕 서우봉해변 → 낙선동 4·3 유적지 → 4·3 평화공원 기념관

를 해결해 줄 유능한 정치인이 누구인지 고민하고, 정치인에 대해 요구하는 일도 가능해졌다.

역사에 비추어 보는 오늘

[도움말] 일상생활 속에서 문제라고 생각하는 것은 무엇인지, 바꾸고 싶은 것은 무엇인지 자유롭게 쓰면 됩니다.

[생각열기] 예) 시험을 너무 자주 본다. 공부해야 할 과목이 너무 많다. 학원을 다니고 싶지 않다. 미세먼지 때문에 놀이터에서 놀 수 없다. 등

12 민주주의의 발전과 외환 위기

[탐구1] **대한민국 역대 대통령**

[탐구하기] 이승만, 박정희, 전두환

[탐구2] **6월 민주 항쟁 이후 들어선 정부**

[탐구하기] 북방 정책(북방 외교)

[탐구3] **6월 민주 항쟁 이후 사회 변화**

[탐구하기] 경제 민주화 정책

[탐구4] **IMF 외환 위기와 극복**

[탐구하기] 국제 통화 기금(IMF)

[해석] **IMF 외환 위기가 가져온 변화**

[해석하기] 비정규직이 늘어났고, 빈부 격차를 심화시켰다. 또 외국인 투자가 늘고, 외국인에게 팔린 기업이 많아 외국인 눈치를 보는 일이 늘어났다.

[토론] **1987년 이후 민주주의가 발전한 까닭은 무엇일까?**

예) 경제 발전 덕분이다. IMF 외환 위기를 겪었지만, 경제는 급속하게 발전했고 소득 증가로 이어졌다. 경제적인 여유가 생기자 환경, 교육, 주거 문제 등 삶의 질에 대해 생각하고, 정치에 더 관심을 두게 되었다. 이런 문제

13 동북공정과 역사 왜곡

[탐구1] **중국 역사 왜곡, 동북공정**

[탐구하기] 중국은 현재 자기 영토 안에 있던 나라는 모두 소수 민족이 세운 지방 정권이므로 중국 역사라는 논리를 내세웠다. 그러므로 고조선, 고구려, 발해도 중국 역사라는 것이다.

[탐구2] **일본 역사 왜곡, 독도**

[탐구하기] 1905년 러·일 전쟁을 틈타 일본 영토에 편입

[탐구3] **일본 역사 왜곡, 교과서**

[탐구하기] 임나일본부설

[해석1] **중국은 왜 동북공정을 끊임없이 할까?**

[해석하기] 첫째, 소수 민족 독립을 막기 위해서다. 중국에는 한족과 55개나 되는 소수 민족이 살고 있다. 소수 민족 중에는 티베트나 위구르족을 비롯해 중국에서 독립하려는 민족도 있다. 비록 수가 적은 민족이라도 독립하기 시작하면 중국 전체가 무너질 수 있다. 그래서 '여러 민족이지만 중국이라는 한 나라.'라고 주장하는 것이다.

해석 2　일본은 왜 사죄하지 않을까?

해석하기　강한 일본을 만들려는 욕심 때문이다. 일본은 전쟁에 진 뒤 군대를 만들 수도 없고, 전투를 먼저 벌일 수도 없도록 헌법을 제정했다. 이 법을 바꾸어 군대를 만들려고 한다. 사과를 하면 전쟁에 책임을 지는 것이 되어 법을 바꿀 명분이 사라지고 군대를 만들 수 없게 되기 때문이다.

토론　역사 왜곡이나 독도 문제를 해결하는 데 있어서 가장 큰 문제점은 무엇일까?

예　정부가 미리 준비해서 적극 나서서 대응하지 못하고, 항의하는 정도로만 문제를 해결할 수 없는데도 나라 사이에 여러 문제가 얽혀 있어 해결할 방법이 별로 없다.

역사에 비추어 보는 오늘

생각열기　1. 전쟁에 대한 책임을 인정하지 않고, 일본 정부가 주장하듯이 아시아 해방과 천황을 위한 성스러운 전쟁에서 죽은 이들이 묻혀있는 곳에 참배를 함으로써, 전쟁을 한 것을 정당화시키려 하기 때문이다.
2. 한국인 이름을 빼주면 한국인을 강제로 동원한 것에 대해 인정과 사과를 해야 하기 때문이다. 또 전쟁에 대한 명분을 지키기 위해서, 그리고 일본을 위해 한국인이 협력해 싸웠다고 억지 주장을 할 수 있기 때문이다.

14　남북 관계와 남겨진 과제

탐구 1　통일을 위한 노력

탐구하기 1　김대중 대통령, 김정일 국방위원장

탐구하기 2　판문점 선언

탐구 2　우리 사회가 풀어가야 할 과제

탐구하기　저소득층과 고소득층 사이에 위화감이 조성되고, 사회가 혼란에 빠지게 된다.

해석 1　분단을 유지하는 데에도 많은 돈이 든다

해석하기　분단 유지 비용을 줄이는 가장 좋은 방법은 남북한 대결 구도를 평화 체제로 바꾸어 군사 경쟁을 줄이는 것이다. 우리나라는 약 60만 명에 이르는 군인 수를 유지하고, 한 해 국방비로 40조 원 이상을 쓰고 있다. 남북한 평화 체제가 만들어지면 군인 수도 줄일 수 있고, 국방비도 자연스럽게 줄어들 것이다.

해석 2　레드 콤플렉스(Red Complex)

해석하기　남북한이 자유로운 교류와 통일을 이루는 것이다.

토론　우리 사회가 풀어야 할 가장 큰 과제는 무엇일까?

예　우리나라는 전체 인구 절반 이상이 수도권에 집중되어 일자리, 교육, 문화생활 등이 운영되고 있다. 지방에 살고 있는 사람은 박탈감, 수도권에 살고 있는 사람은 과밀화로 인한 문제점을 완화하지 못하면 지역 갈등 문제로 심각해질 수 있다.

역사에 비추어 보는 오늘

도움말　많은 탈북자가 남한에 정착해 살고 있지만, 편견과 차별 속에 큰 어려움을 겪고 있는 것에 대해 생각해 보는 질문입니다.

생각열기　예　탈북자 스스로가 남한 사회에 적응하기 위한 노력은 반드시 필요하다. 또 남한에서는 그들을 탈북자라는 이유만으로 차별해서는 안 되며, 있는 그대로 그들을 받아들이고 인정하면서 더불어 살아가도록 노력해야 한다.

토론 잘하는 방법

토론은 두 사람 이상이 상대방을 설득하기 위하여 서로 자기 의견을 내세우는 것입니다.

토론을 잘 하려면 어떻게 해야 할까요?

상대방을 존중합니다. 올바른 토론은 상대방 의견은 틀렸으니 무시하면서 내 생각만 고집하는 것이 아니라 상대방의 의견을 존중하면서 내 의견도 내세우는 것입니다. 그래야 상대방도 자기 생각만 고집하지 않고 내 생각을 존중해 줄 것입니다.

'나라면 어떻게 할까'라고 생각합니다. 토론하는 문제에 대하여 나라면 어떻게 할까라고 생각하면 해결책도 쉽게 찾을 수 있을 것입니다. 내가 생각해서 좋을 것 같다는 생각이어야 다른 사람도 설득할 수 있습니다.

상대방의 말을 잘 듣고 어떤 주장을 하는지 파악합니다. 토론은 말하기 보다 듣기라고 할 수 있습니다. 상대방 말을 잘 듣고 어떤 주장을 펼치는지 잘 이해하면 그 주장을 반박하고 더 좋은 자기주장을 내세우는 것도 쉬울 것입니다.

또박또박 자기 주장을 말합니다. 말이 너무 빠르면 상대방이 알아듣기 어렵고, 내 주장을 상대방이 편안하게 받아들이기 어렵습니다. 하지만 또박또박 자기 주장을 펼치면 상대방도 내 말을 잘 이해할 수 있습니다.

결론부터 먼저 말하면 눈길을 끌 수 있습니다. 결론부터 먼저 말하고 그 까닭을 이어서 말하면 듣는 사람이 관심을 집중시키게 되고 내 말을 잘 이해할 수 있게 됩니다.

책을 많이 읽습니다. 토론할 주제에 대해 잘 알아야만 상대방을 쉽게 설득할 수 있습니다. 토론 주제에 대한 지식을 넓히는 방법은 풍부한 독서입니다.

살아있는 역사
재미있는 논술

④ 한인 애국단에서 대한민국까지

2007. 12. 5. 1판 1쇄 발행
2013. 7. 1. 1판 6쇄 발행
2019. 10. 23. 개정증보 1판 1쇄 발행

지은이 | 모난돌역사논술모임
펴낸이 | 이종춘
펴낸곳 | BM (주)도서출판 성안당
주소 | 04032 서울시 마포구 양화로 127 첨단빌딩 3층(출판기획 R&D 센터)
10881 경기도 파주시 문발로 112 출판문화정보산업단지(제작 및 물류)
전화 | 02) 3142-0036
031) 950-6300
팩스 | 031) 955-0510
등록 | 1973. 2. 1. 제406-2005-000046호
출판사 홈페이지 | www.cyber.co.kr
ISBN | 978-89-315-8159-1(64900)
정가 | 15,000원

이 책을 만든 사람들
기획 | 최옥현
진행 | 오영미
교정 · 교열 | 오영미
본문 디자인/전산편집 | 이은희
표지 디자인 | 김은영
일러스트 | 민재회
홍보 | 김계향
국제부 | 이선민, 조혜란, 김혜숙
마케팅 | 구본철, 차정욱, 나진호, 이동후, 강호묵
제작 | 김유석
사진제공 | 5·18민주화운동기록관, 김애경 님, 문화재청, 헬로포토

■ 도서 A/S 안내

성안당에서 발행하는 모든 도서는 저자와 출판사, 그리고 독자가 함께 만들어 나갑니다.
좋은 책을 펴내기 위해 많은 노력을 기울이고 있습니다. 혹시라도 내용상의 오류나 오탈자 등이 발견되면 "좋은 책은 나라의 보배"로서 우리 모두가 함께 만들어 간다는 마음으로 연락주시기 바랍니다. 수정 보완하여 더 나은 책이 되도록 최선을 다하겠습니다.
성안당은 늘 독자 여러분들의 소중한 의견을 기다리고 있습니다. 좋은 의견을 보내주시는 분께는 성안당 쇼핑몰의 포인트(3,000포인트)를 적립해 드립니다.
잘못 만들어진 책이나 부록 등이 파손된 경우에는 교환해 드립니다.

신재효(申在孝, 1812~1884)

한국식 오페라, 한국식 모노드라마, 한국식 랩 음악이라고 불리는 판소리를 통일시키고 정리한 신재효는 1812년 전북 고창에서 태어났다. 어려서부터 한학을 배워 《사서삼경》,《제자백가어》 등에 능통하였다. 또 돈을 버는 재주가 뛰어나 많은 재산을 모았으며, 모은 재산을 좋은 일에 많이 사용하였다.

고종 13년(1876) 굶주리는 백성들을 구한 공으로 '통정대부(通政大夫)'가 되었으며, 이어 '절충장군(折衝將軍)'에 올랐다. 그리고 '가선대부(嘉善大夫)'로 다시 벼슬이 높아지고 '호조참판(戶曹參判)'이 되었다가 '중추부동지사(中樞府同知事)'까지 같이 지냈다. 또 신재효는 판소리를 잘하는 명창들을 뒷바라지하였고, 판소리 연구에 매진하였다. 그 동안 광대들이 아무렇게나 막 부르던 판소리를 통일하여 〈춘향가〉, 〈심청가〉, 〈박타령〉, 〈토끼 타령〉, 〈적벽가〉, 〈가루지기 타령〉의 여섯 마당으로 판소리 사설을 정리하였다.

판소리 이론 정립은 물론 사설을 실감나게 고쳐서 더욱 재미있게 만들었다. 또 〈박타령〉, 〈토끼 타령〉은 창극으로 만들었고, 〈광대가〉, 〈도리화가〉 같은 판소리단가와 판소리 노래책인 《신오위장본》을 지었다.

지석영(池錫永, 1855~1935)

의사이자 국어학자, 호는 송촌이다. 서양 학문에 관심이 많아 중국에서 번역된 서양 의학책을 많이 읽었다. 수신사로 일본에 다녀온 박영선을 통해 《종두귀감》이라는 책을 전해 받고, 종두에 큰 관심을 갖게 되었다. 그 뒤 일본인이 운영하는 제생의원에서 종두법(천연두 예방법)을 배우고, 우리나라 최초로 종두법을 시행하였다. 1880년 김홍집을 따라 일본으로 건너가 종두에 필요한 '두묘' 제조법을 배우고 귀국한 뒤, 우두국을 설치하여 종두를 실시하고 종두법을 가르쳤다. 1880년 1월에 그는 자녀들에게 종두를 실시하였다. 가족에게 먼저 시술해서 부작용이 없다는 것을 확인한 뒤에야 자신을 갖고, 친척과 이웃을 설득하여 40여 명에게 종두를 실시하였다. 그에 의해 종두법은 뿌리를 내리게 되었고, 많은 사람들이 천연두에 대한 두려움으로부터 벗어날 수 있었다.

1905년 알기 쉬운 한글을 쓸 것을 주장하여 주시경과 더불어 한글의 가로쓰기를 주장한 선구자이기도 하다. 1908년 국문 연구소 위원에 임명되었고, 이듬해 한글로 한자를 해석한 《자전석요》를 냈으나, 국권 침탈로 모든 공직을 버렸다. 일본의 간곡한 협조 요청이 있었으나, 초야에 묻혀 살다가 81세를 일기로 생을 마쳤다.

석주명(石宙明, 1908~1950)

평양에서 태어난 석주명은 평생을 나비 채집과 연구에 몰두한 곤충학자(박물학자)로 창씨개명을 거부한 민족주의자이기도 하다. 일본 가고시마 고등농림학교를 졸업한 뒤 모교인 개성 송도중학교에서 박물 교사로 근무하였다. 미국 하버드대학교 등 여러 기관으로부터 막대한 후원을 받아 나비 연구에 몰두하였다. 영어와 일본어는 물론 에스페란토어와 라틴어도 유창해 국제 교류를 막힘없이 해낼 수 있었다.

1936년 약 17만 마리의 배추흰나비를 동원하여 배추흰나비의 무늬 형태와 크기를 과학적으로 분류한 〈조선산 배추흰나비의 변이 곡선〉이라는 논문을 발표해 세계 곤충학계를 놀라게 했다. 1938년 영국 왕립 아시아학회로부터 《접류 목록(蝶類目錄)》의 집필을 부탁받아, 조선산 나비 255종에 대한 연구 결과를 8개월 만에 내놓았다. 이 책은 현재까지도 영국 왕립 도서관에 있는 책 가운데 한국인이 쓴 유일한 책이다. 1940년에는 미국 인시류(나비류와 나방류의 총칭)학회 회원이 되어 세계적으로 명성을 떨쳤다.

1946년부터 국립 과학박물관에서 일하면서 수십만 개의 나비 표본을 만들었다. 1950년 한국 전쟁 중에도 피란가지 않고 나비 채집과 연구에 몰두하다가 사망하였다. 20여 권의 저서와 130여 편의 연구논문을 남겼다.

	신재효
음악가	모차르트

	지석영
의학자	에드워드 제너

	석주명
곤충학자	파브르

모차르트(Wolfgang Amadeus Mozart, 1756~1791)

독일 잘츠부르크에서 태어난 모차르트는 네 살 때 건반 지도를 받고 다섯 살 때 소곡(小曲)을 작곡하였다. 아버지는 모차르트가 지닌 뛰어난 재능을 여러 나라 궁정에 알리기 위하여 여섯 살 때부터 연주 여행을 다녔다. 1762년 7월 바이에른 선거후의 궁정이 있는 뮌헨에서 연주를 하고, 빈으로 가서 마리아 테레지아 황제 앞에서 연주를 하였다는 일화는 유명하다. 1763년부터 4년 동안 서유럽을 일주하면서 많은 음악가들에게 영향을 받고, 파리에서는 바이올린 소나타를, 런던에서는 여덟 살에 최초의 교향곡을 작곡하였다.

1769년부터 1773년 사이에는 3번에 걸쳐 이탈리아를 여행하였는데, 교황에게 '황금박차 훈장'을 받았고, 볼로냐에 있는 아카데미아 필라르모니카 악단 입회 시험에 뛰어난 성적으로 합격하기도 하였다. 10대에 이미 오페라 작곡을 의뢰 받고, 1770년 밀라노에서 오페라를 상연하였다.

모차르트는 하이든과 함께 18세기의 빈 고전파를 대표하는 한 사람으로, 고전파의 양식을 확립하였다. 작품으로는 〈피가로의 결혼〉, 〈돈 조반니〉 같은 오페라와 '3대 교향곡' 〈제39번 E장조〉, 〈제40번 G단조〉, 〈제41번 C장조: 주피터교향곡〉 등이 있다.

에드워드 제너(Edward Jenner, 1749~1823)

우두에 의한 천연두의 면역에 대해 연구하여 1796년에 우두 종두법(種痘法)을 발명하였다. 영국에서 태어나 13세 때부터 의학을 공부하였으며, 1770년에 J.헌터로부터 2년간 외과학을 배우고, 세인트조지 병원에 근무하였다. 그는 소젖을 짜는 처녀들은 천연두에 잘 걸리지 않는다는 민간 이야기와 우두(소의 천연두)에 걸린 사람은 천연두에 걸리지 않는다는 소문에도 관심을 기울였다. 그러던 어느 날, 제너는 소젖을 짜는 집안 하녀가 우두에 걸리자 손바닥 종기에서 고름을 채취하여 8살짜리 소년인 제임스 핍스에게 우두 고름을 접종하여 우두가 생기게 했다. 말하자면 최초로 천연두 백신(vaccine) 실험을 한 셈이었다.

이를 바탕으로 그는 1798년에 《우두의 원인과 효과에 관한 연구 An Inquiry into the Causes and Effects of the Variolae Vaccinae》라는 소책자를 발표하였다. 이에 대한 반향은 매우 컸으며, 이 책자를 둘러싼 찬반(贊反) 양론 또한 격렬하여 영국에서는 반대론이 강하였고, 여러 외국에서는 찬성의 소리가 높았다. 그러나 우두 접종의 유효한 사실이 점차 널리 인정되어 1803년 런던에 우두 접종 보급을 위한 '왕립제너협회'를 설립하고 가난한 사람들에게는 무료로 접종을 해주었다.

파브르(Jean Henri Fabre, 1823~1915)

프랑스 가난한 농가에서 태어난 파브르는 집안 형편이 어려워 어린 시절을 할아버지 집에서 보냈다. 산골에서 어린 시절을 보낸 영향으로 자연과 자연스럽게 가까워지면서 평생 곤충을 사랑하게 되었다. 어렵게 사범학교를 졸업한 파브르는 중학교에서 물리와 화학을 가르치기도 했다. 31세 때 레옹 뒤프레가 쓴 《노래기벌》에 관한 책을 읽고 감명을 받아 곤충 세계에 빠져들었다.

박물관장에 임명되기도 했지만 금방 물러났으며 《대지》, 《하늘》, 《식물기》 등 알기 쉬운 과학책을 써서 그 수입으로 생활하였다. 평생을 가난에서 벗어나지 못하였으면서도, 20년 동안 곤충을 관찰하고 연구한 결과로 《곤충기 1권》을 펴냈다. 《곤충기》는 1879년 1권을 시작으로 1909년 10권이 출간될 때까지 30년 동안 계속해서 쓴 역작으로, 지금도 세계 각 나라말로 번역되어 널리 읽히고 있다.

노래기벌

한국사 인물 vs 세계사 인물

■ 한국사와 세계사에 등장하는 주요 인물 비교

광개토 대왕(廣開土大王, 374~412)

광개토 대왕은 고구려 19대 왕으로 소수림왕이 이룬 정치적 안정을 기반으로 고구려 최대 영토를 이끈 정복 군주다. 391년 즉위 초부터 백제를 공격하여 임진강 일대를 차지하였다. 395년에는 북으로 방향을 돌려 거란의 한 부족인 비려를 평정하고 거란을 공격하여 600~700에 달하는 부락과 많은 가축을 얻었다.

400년에는 신라 내물왕 요청으로 5만 군사를 보내 왜구를 격퇴시켰다. 402년에는 요동에 남아 있는 후연 근거지를 격파하여 요하 동쪽을 전부 고구려 영토로 만들었고, 410년에는 동부여를 정벌하여 64성을 차지하였다. 그 결과 고구려 영토는 북쪽으로 내몽골, 서쪽으로 요서 지역, 동쪽으로 연해주, 남쪽으로 임진강 유역에 이르는 대제국이 되어 동북 아시아 최강국이 되는 발판을 마련하였다. 아들인 장수왕이 세운 광개토 대왕릉비에는 그가 세운 업적이 기록되어 있다.

아비지(阿非知, ? ~ ?)

경주 황룡사지에 가면 넓은 절터가 남아 있고, 그 가운데에는 집터나 회랑 터보다 좀 더 높은 탑 터가 있다. 주춧돌이 가로 8개, 세로 8개로 모두 64개가 있는데, 이 자리가 바로 황룡사 9층 목탑이 서 있던 곳이다. 황룡사 목탑은 높이가 70m나 되는 거대한 탑으로 경주 어디에서도 황룡사 목탑이 보였고, 경주 사람들은 언제 어디서나 이 탑을 향해서 기도를 올렸다고 한다. 하지만 신라 유적 다른 곳에는 목탑이 있던 자리가 없다. 그 까닭은 신라 사람들이 목탑을 만들 줄 몰랐기 때문이었다. 황룡사 목탑도 백제 장인인 아비지를 신라 선덕 여왕이 초청하여 신라에 와 만든 것이었다. 한참 목탑을 짓고 있던 어느 날 잠을 자다가 백제가 망하는 꿈을 꾸었다. 아비지는 공사를 중단하고 백제로 돌아가려고 하였으나 번개와 벼락이 치면서 늙은 중과 장사가 나타나 절 기둥을 세웠다. 아비지는 이를 보고 백제가 다시 살아나지 않을 것임을 깨닫고 탑을 계속 지었다고 한다. 비록 고려 시대 몽골이 침략해 왔을 때 불탔지만 백제 사람인 아비지가 이룩한 위대한 건축 기술은 신라 땅에서도 찬란하게 꽃을 피웠다.

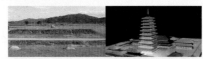

황룡사지   황룡사 9층 목탑 복원 모형

혜초(慧超, 704~787)

혜초는 신라 성덕왕 때인 704년에 태어났다고 전해지나, 어느 지방에서 태어났는지, 불교에 어떻게 입문하게 되었는지 정확하게 알려져 있지 않다. 20세 때 당나라에서 인도 승려 금강지 제자가 되어 당나라 광주를 떠나 인도로 가게 되었다. 이때 인도를 여행하고 돌아온 과정을 기록하여 남긴 것이 《왕오천축국전(往五天竺國傳)》이다. 이 여행기는 8세기 인도와 중앙아시아를 기록한 유일한 문헌으로 인정받고 있다. 또한 우리 나라 최초의 여행 기록문으로 보고 있다.

이 책에서 천축은 인도를 가리키는 말이다. 중천축에서 시작하여 남천축과 서천축, 북천축과 인도 서쪽에 있던 대식국, 중앙아시아를 거쳐 중국에 이르기까지 보고 들은 것을 기록하였다. 나라 단위로 서술되어 있으며, 출발한 나라에서 목적지까지 가는 방법과 소요 시간, 위치와 규모, 통치 상황, 기후와 지형 등이 상세하게 기록되어 있다. 프랑스 학자 펠리오가 1908년 중국 간쑤성 둔황에서 발견하였고, 일본인 학자 다카쿠스 준지로가 1915년 혜초가 신라 출신이라는 사실을 밝혔다.

정복 군주	광개토 대왕
	알렉산드로스 대왕

건축가	아비지
	구스타프 에펠

여행 기록문	혜초
	마르코 폴로

알렉산드로스 대왕

(Alexandros the Great, 기원전 356~기원전 323)

알렉산드로스는 마케도니아 왕으로 유럽, 아시아, 아프리카에 걸친 대제국을 건설한 정복 군주다. 기원전 356년 마케도니아 왕인 필리포스 2세의 아들로 태어나 13살 때부터 그리스 철학자 아리스토텔레스에게 철학, 정치학, 문학 등을 배웠고, 그 영향으로 그리스 문화에 대한 관심이 많았다.

20살에 왕이 된 알렉산드로스는 동방 원정에 나서, 소아시아(흑해·마르마라해·에게해·지중해 등에 둘러싸인 반도)에서 다리우스 3세가 이끄는 페르시아군을 무찌르고(이수스 전투) 페르시아를 정복하였으며, 이집트, 인도 서북부 일부까지 진출하여 동서양에 걸치는 대제국을 건설하였다. 그가 동방 원정을 떠날 때마다 함께 데리고 갔던 그리스 사람들이 퍼뜨린 그리스 문화가 오리엔트 문화와 만나면서 새로운 문화인 헬레니즘을 탄생시켰다. 그는 제국 곳곳에 자신의 이름을 딴 알렉산드리아라는 도시들을 세웠는데, 이 도시들이 헬레니즘 문화 중심지가 되었다.

에펠(Alexandre Gustave Eiffel, 1832~1923)

프랑스 파리에 가면 우뚝 솟은 철탑이 있다. 파리에 가는 사람이라면 누구나 들렀다 오는 곳이라고 해도 지나친 말이 아니다. 쇠막대기로 얼기설기 얽어 놓은 모양인 이 탑은 만든 사람 이름을 따서 에펠탑이라고 부른다. 에펠은 프랑스 부르고뉴주 디종에서 1832년에 태어나 파리에 있는 고등공예학교를 졸업하였다. 주로 철교 만드는 일을 하였는데, 1858년에는 보르도 근교에 있는 갈론강 철교를, 1877년에는 도루강에 철도가 지나가는 다리를 건설하였다. 또 1880년부터 1884년까지 프랑스 남부에 있는 가라비 고가다리를 설계하였으며, 미국에 있는 '자유의 여신상' 내부 설계와 파나마 운하 공사에도 참여하였다.

에펠탑은 프랑스 혁명 100주년을 기념하여 1889년 파리에서 열린 만국박람회 때 세워진 높은 철탑 구조물이다. 이때에도 철교를 만들 때 쓰는 건설 기술을 이용하였다. 그래서 에펠탑이 쇠막대기를 얼기설기 엮어 놓은 모양이 된 것이다. 나중에는 항공역학을 깊이 연구하였는데, 에펠은 쇠를 이용하여 건물을 짓는 기술을 발전시킨 중요한 역할을 하였다.

에펠탑

마르코 폴로(Marco Polo, 1254~1324)

마르코 폴로는 13세기 중엽 이탈리아 베네치아에서 태어났으며, 15세 되던 해에 무역상인 아버지를 따라 원나라에 갔다. 서양과 교류를 원하고 있었던 쿠빌라이 칸 신임을 얻어 17년간 원나라 관리로 일하면서 중국 각 지역을 돌아다녔다.

고향에 돌아온 후 베네치아와 제노바 사이에 벌어진 해전에 참가하였다가 포로가 돼 감옥에 갇혔다. 이때 자신이 동쪽 지역에서 보고 들은 경험담 이야기를 루스티켈로가 받아 적은 것이 《동방견문록》이다. 원제는 《세계의 기술(記述)》이며, 이 책으로

(동방견문록)

인하여 많은 유럽인들이 동양에 대해 관심을 가지게 되었다.

《동방견문록》은 마르코 폴로가 자신이 여행한 지역 위치와 거리, 주민들이 쓰는 언어, 종교, 산물, 동물과 식물 등을 하나씩 자세하게 기록하였다. 동양에 대해 전혀 알지 못하던 유럽인들에게 이 책은 동양에 대한 호기심과 함께 유럽 밖으로 진출하는 계기를 만들어 주었다.

장영실(蔣英實, 1390~?)

자격루

장영실은 1390년 무렵 부산 동래에서 태어났으며, 관기인 어머니 신분에 따라 동래현 관노비가 되었다.

그러나 조선 3대 임금 태종이 널리 인재를 구하는 과정에서 과학적 재능이 뛰어나 조정에서 일하게 되었다. 1421년에는 노비 신분에서 벗어났고, 물시계인 '자격루', 천체 관측 기구인 '대간의와 소간의', 해시계인 '앙부일구' 등을 발명하였다. 그리고 1441년에는 세계 최초로 비가 내린 양을 측정하는 '측우기'를 발명하였다.

그는 조선 최고 발명가로 농사에 필요한 천문 관측 기기뿐만 아니라 측우기, 해시계, 물시계 등 실생활에 도움이 되는 많은 과학 발명품들을 만들어 백성들 생활에 큰 보탬이 되었다. 그러나 장영실이 직접 만든 왕의 가마가 부서져 관직에서 쫓겨난 이후로 기록에서는 사라졌다. 장영실은 지금까지도 우리나라를 빛낸 과학자이자 발명가로 존경받고 있다.

앙부일구   측우기

이순신(李舜臣, 1545~1598)

임진왜란 때 일본군을 물리치는 데 큰 공을 세운 명장이다. 1545년에 태어났으며, 31세 때 무과에 급제하여 초기에는 북방 경비를 담당하였다. 임진왜란이 일어나기 직전인 1591년 유성룡이 추천하여 전라좌도수군절도사가 되었다. 전쟁 기운을 감지한 이순신은 무기를 수리하고, 군사 훈련을 철저히 하는 등 방비를 강화해 전쟁에 대비하였다.

1592년 임진왜란이 발발하자, 육지에서 관군이 패하는 것과 달리 옥포, 사천, 한산도, 부산포에서 계속 승리를 거두었다. 이로 인해 왜군 보급로를 차단하고, 왜군 진격 속도를 늦춰 관군이 재정비할 시간을 벌어주었다. 그리고 의병을 조직할 수 있는 여유와 조선군에게 승리할 수 있다는 희망을 심어주었다. 정유재란에서는 명량 해전과 노량 해전을 통해 왜군을 크게 무찔렀다. 이순신이 거둔 승리는 세계 해전사에도 크게 기록이 되어 있을 만큼 그가 이룬 승리는 당시 조선을 되살리는 데 큰 보탬이 되었다. 그래서 지금까지도 위기에 처한 나라를 구한 영웅으로 추앙받고 있다.

일본 수군의 공격과
이순신의 활약

채제공(蔡濟恭, 1720~1799)

조선 후기 영·정조 시대 인물로 최근에 뛰어난 재상으로 주목받고 있다. 대사헌을 비롯한 언론과 학문 관직, 경기감사를 비롯한 지역 행정직, 판서와 정승 등 중앙직에 이르기까지 다양한 행정 경험과 정치 활동을 하였다. 이를 바탕으로 조선 후기 르네상스라고 불리는 영·정조 시대에 당시 정국을 주도하던 노론에 맞서 백성들 생활이 안정되고 국왕들이 펼치는 개혁 정책에 뒷받침 역할을 하였다.

고른 인재 등용을 목적으로 한 탕평책 시행과 시전 상인들이 가진 특권인 금난전권을 폐지하고 소규모 상인들이 자유로이 상업 활동을 할 수 있도록 뒷받침한 신해통공을 주도하였다. 또한 정조 후반기에는 수원 화성 건설을 담당하였다. 올바른 정치 신념으로 여러 차례 처벌 받고 귀양을 가기도 했지만 왕권 안정을 통해 백성을 편안케 하려는 뜻은 변하지 않았다. 문집으로《번암집》이 남아 있다.

수원 화성   팔달문

과학자	장영실
	에디슨

장군	이순신
	넬슨

재상	채제공
	쉴리

에디슨(Thomas Alva Edison, 1847~1931)

내장형 축음기

'천재는 99% 노력과 1% 영감으로 만들어진다.'라는 말과 발명왕으로 유명한 에디슨은 특허 수만도 1,000종을 넘어선다.

일곱 살에 학교에 들어갔으나 엉뚱한 질문과 행동으로 3개월 만에 퇴학을 당하고 어머니에게서 교육을 받았다. 그가 발명한 것 중에서도 '전등'은 세상을 변화시키는 획기적인 발명품이었다. 1878년부터 백열전구 연구에 몰두하기 시작한 그는 다음해에 40시간 이상이나 계속해서 빛을 내는 전구를 만드는 데 성공하였다.

그는 다시 전구를 보급하기 위하여 소켓·스위치·안전퓨즈 등 전기를 보급하는 데 필요한 것들을 만들었다. 이로 인해 가로등이 생기거나 집집마다 전등이 보급되면서 시간 제약을 극복하고 사람들이 활동할 수 있는 시간이 더욱 늘어나게 되었다.

나팔 축음기

넬슨(Horatio Nelson, 1758~1805)

넬슨은 트라팔가르 해전에서 나폴레옹 함대를 상대로 승리를 이끌었다. 1758년 영국 노퍽에서 태어났으며, 해군에 입대 후 미국 독립 전쟁과 프랑스 혁명 전쟁에 참전하였다.

넬슨 제독상에 새겨진 조각

코르시카 섬을 점령하는 과정에서 한쪽 눈을 잃고 이후 세인트 빈센트 해전에서는 한 팔도 잃었다. 하지만 이집트 나일강 입구에서 벌어진 전쟁에서 프랑스 함대를 격파하여 유명해졌다. 이후 유럽 대부분을 차지한 프랑스 함대를 트라팔가르에서 격파하고 해상을 장악함으로써 나폴레옹이 유럽 전역을 통합하려는 것을 막았다. 트라팔가르 해전에서

패한 프랑스는 영국을 고립시키기 위해 내륙 봉쇄령을 내리는 등 제재를 가했지만 큰 효과를 거두지 못하였다. 현재 영국 런던 시내 트라팔가 광장에 넬슨 제독 동상이 세워져 있다.

넬슨 제독

쉴리(Duc de Sully, 1560~1641)

'낭트 칙령'을 발표한 낭트의 브레타뉴대공성

프랑스 정치가로 낭트 칙령(1598년 4월 13일 프랑스 왕 앙리 4세가 낭트에서 공포한 칙령)을 발표해 위그노 전쟁이 남긴 혼란상을 극복하고 신교도들을 인정한 앙리 4세 때 활약한 인물이다. 1596년 재무 장관이 된 그는 프랑스 국고를 맡아 관리하면서 여러 가지 변화를 이끌었다. 지방 장관들이 자기 마음대로 세금을 매기지 못하도록 하였으며, 이름뿐인 공직를 노 많이 없앴다. 이 때문에 많은 낭습들이 없어져 백성들이 살기가 나아졌다. 뿐만 아니라 농업과 축산업을 장려하고, 시장을 활성화시켰으며, 도로 건설 등 국가 기반 시설을 확충하였다. 개인적인 이익보다는 국가 발전을 먼저 생각하였고, 많은 국민들에게 인기를 얻어 당시 가장 영향력 있는 정치인이었다. 1606년 공작 작위를 받았으며, 군사력과 국경 방어 시설 확충 등 17세기 프랑스가 절대왕정을 이룰 수 있는 밑바탕을 만든 인물이라고 할 수 있다. 저서로는《왕실재정회상록》이 있다.

한국사 인물 vs 세계사 인물 ■ 한국사와 세계사에 등장하는 주요 인물 비교

정조(1752~1800)

정조는 조선 22대 왕으로 영조 아들인 사도 세자와 혜경궁 홍씨 사이에서 태어났다. 어려서 사도 세자가 당쟁으로 뒤주에 갇혀 죽는 모습을 보고 목숨을 위협하는 어려움을 이겨내며 왕위에 올랐다. 왕권을 강화하고 체제를 정비하기 위해 인재를 고루 등용하는 탕평책을 영조로부터 이어 실시하여 당파 사이 균형과 견제를 유지하였다. 정조는 규장각을 설치하여 자신의 권력과 정책을 뒷받침할 수 있는 인재 조직을 직접 양성하고, 신하들을 직접 교육시켰다.

정조는 상당한 수준의 학문 실력을 갖고 180권이 넘는 개인 문집을 남기기도 하였으며, 그의 명에 따라 편찬한 책이 3,000권이 넘는다. 왕을 보위하는 장용영을 만들어 강력한 왕권을 회복하였고, 새로운 사상과 과학기술을 받아들여 정치에 활용하였다. 경제를 활성화하기 위하여 금난전권을 폐지하고 백성들이 자유로운 상업 활동을 할 수 있는 경제 체제를 도입하였다. 서얼 출신 신하를 등용하여 신분보다는 능력을 우선시하는 계몽 군주로서의 모습을 보였다. 수원 화성을 건설하여 근대적 개혁 신도시를 만들려고 하였으나 죽음으로 이루어지지 못하였다.

규장각(왕실 도서관)　외규장각(규장각의 부속 도서관)

김홍도(金弘道, 1745~?)

1745년에 태어난 조선 후기 화가이다. 호는 단원이며, 풍속화의 대가로 불린다. 산수화·인물화·불화·풍속화 등에 뛰어났으며 도화서 화원으로 정조 때는 어진화사를 겸하였다. 1790년 수원 용주사 대웅전에 그린 〈삼세여래후불탱화〉는 색채의 농담과 명암으로써 깊고 얕음과 원근감을 나타낸 훈염기법으로 그렸으며 부모의 크고 깊은 은혜를 보답하도록 가르치는 불교 경전인 《부모은중경》 삽화를 그렸다.

산수화는 사실 묘사로 그렸으며, 풍속화는 서민 사회의 생활 정서와 농·상·공에 관련된 생활 주제를 가지고 백성들이 살고 있는 생활 모습을 그렸다. 특히 익살스럽고 구수한 필치로 사회 풍자를 곁들인 작품들을 그려냈다. 주요 작품으로는 〈소림명월도〉, 〈신선도병풍〉, 〈풍속화첩(야공도·서당도·씨름도·무악도)〉이 있다.

홍경래(洪景來, 1771~1812)

1811년 세도 정치로 인해 살기 어려운 백성들을 대변하고 지역 차별을 없애기 위해 일어난 '홍경래의 난'을 주도한 홍경래는 평안도 출생이다. 어려서 외삼촌에게 글을 배우고, 여러 번 과거에 응시하였으나 자신보다 글재주가 떨어지고 학식이 부족한 사람들이 출신 지역 때문에 합격하는 모습을 자주 보면서 과거에 대한 미련을 버리게 되었다. 그리고 전국을 돌아다니면서 세상을 개혁하려는 의지로 뜻있는 사람들을 모아 거사를 준비하였다.

1811년 12월에 거사를 일으킨 홍경래 세력은 짧은 시간에 평안도 일대를 점령하고 관아 창고를 열어 식량과 돈을 백성들에게 나누어 주었다. 백성들은 봉기군에게 많은 지지를 보냈으나 부족한 식량과 열악한 무기 등으로 인해 4개월에 걸친 봉기는 실패하고 말았다. 하지만 이후 끊임없이 일어나는 민중 봉기를 뒷받침하는 든든한 배경으로 나라와 위정자들이 백성을 위하지 않으면 저항권을 행사할 수 있다는 것을 보여준 대표적인 사례이다.

계몽 군주	정조
	표트르 1세

화가	김홍도
	레오나르도 다빈치

민중 봉기	홍경래
	홍수전

표트르 대제　　표트르 대제의 여름 궁전

표트르 1세(Pyotr I, 1672~1725)

러시아 로마노프 왕조 4대 황제로 어린 시절부터 외국인들에게 수학과 항해술 등을 배웠다. 1696년 흑해로 통하는 지역이 터키의 요새 아조프를 두 차례 공격한 끝에 차지하였다. 또한 선진문명을 배우기 위해 서유럽에 사절단을 보내면서 자신도 직접 변장한 모습으로 따라가 목수가 되어 배와 대포 만드는 법 등을 배워오기도 하였다. 나라에 일어난 반란을 진압하면서 러시아인의 옷을 입고 수염을 기르는 등 모든 군사, 산업, 행정, 종교, 교육, 경제 부문에 개혁을 일으켜 계몽 군주로서 모습을 보여주었다.

스웨덴과 전쟁을 벌여 서유럽으로 통할 수 있는 발트해를 얻었고, 이를 통해 강한 해군을 가져 강대국으로 성장하였다. 발트해 근처에 표트르의 도시라는 뜻을 가진 상트페테르부르크를 건설하여, 이곳을 유럽으로 가는 입구로 삼았다. 러시아 귀족 회의인 원로원이 그에게 '대제'란 이름을 붙여 주면서 러시아 절대주의 왕정이 확립되었다.

레오나르도 다 빈치(Leonardo da Vinci, 1452~1519)

르네상스 시대 이탈리아를 대표하는 천재적인 미술가, 과학자, 기술자, 사상가이다. 어려서부터 수학, 음악, 그림그리기가 뛰어났다. 조각·건축·토목·수학·과학·음악에 이르기까지 영향을 끼쳤던 그는 사실적 표현 기교가 뛰어났으며, 명암에 의한 입체감과 공간을 표현하는 데 성공하였다. 말년에는 그림보다 과학에 매달려 인체를 해부하고 신체 기관을 연구하였다. 인체 해부를 묘사한 그림들은 의학 발전에 큰 영향을 끼쳤다. 원근법과 자연에 대한 과학적인 접근, 인간 신체의 해부학적 구조, 이에 따른 수학적 비율 등 15세기 르네상스 미술은 그로 인해 완벽한 완성에 이르렀다고 평가받고 있다. 주요 작품으로는 〈최후의 만찬〉, 〈모나리자〉, 〈동굴의 성모〉 등이 있다.

레오나르도 다 빈치와 대표작 〈모나리자〉

홍수전(洪秀全, 1814~1864)

19세기 말 서양 제국주의 침략 등으로 농민들이 더욱 살아가기 어려워지자, 홍수전을 중심으로 한 태평천국교도들과 농민들이 들고 일어났다. 대략 2천만 명 정도 농민이 사망했을 것으로 추정하고 있다. 이를 중국 역사에서 '태평천국의 난' 혹은 '태평천국 운동'이라고 한다. 농민 집안 출신인 홍수전은 7세부터 서당에 입학하여 학문을 배우다가 가정 형편이 어려워 학업을 중단하고 아버지와 형을 도와 농사를 지었다. 18세에는 고향 마을의 서당 훈장 노릇을 하였다. 그후 여러 번 과거에 응시하였으나 계속 낙방하였다.

1836년 그는 과거 응시차 광저우(廣州)에 갔을 때, 길거리에서 한 기독교 선교사를 만나 《권세양언》이란 책을 얻게 되었다.

1837년 봄, 그는 세 번째 과거에 낙방한 후 고향으로 돌아왔으나 정신적인 충격을 벗어나지 못하고 큰 병을 얻어 40일간 몸져누웠다. 이때 그는 꿈속에서 하늘나라로 올라가 한 노인(후에 하느님이라고 일컬음)으로부터 받았던 계시를 통해 평화롭고 평등한 지상천국을 세울 것을 목적으로 군사를 일으켜 '태평천국'을 세우고 스스로 왕위에 올랐다. 청나라를 타도하고자 하였으나, 내분과 외국 군대의 공격으로 난징이 함락되기 직전에 자살하였다. 그가 중심이 되어 일으킨 태평천국 운동은 중국 현대사에 많은 영향을 미치게 되었다.